闫聪慧　蒋留熙　李伯芃　主编

乡村振兴战略与政策100问

西南财经大学出版社

中国·成都

图书在版编目(CIP)数据

乡村振兴战略与政策 100 问/闫聪慧,蒋留熙,
李伯芃主编.--成都:西南财经大学出版社,2025.2.
ISBN 978-7-5504-6610-4

Ⅰ.F320.3-44

中国国家版本馆 CIP 数据核字第 20256G3H34 号

乡村振兴战略与政策 100 问

XIANGCUN ZHENXING ZHANLÜE YU ZHENGCE 100 WEN

闫聪慧　蒋留熙　李伯芃　主编

策划编辑:何春梅
责任编辑:肖　翀
责任校对:邓嘉玲
封面设计:墨创文化
责任印制:朱曼丽

出版发行	西南财经大学出版社(四川省成都市光华村街 55 号)
网　址	http://cbs.swufe.edu.cn
电子邮件	bookcj@swufe.edu.cn
邮政编码	610074
电　话	028-87353785
照　排	四川胜翔数码印务设计有限公司
印　刷	成都金龙印务有限责任公司
成品尺寸	165 mm×230 mm
印　张	15.5
字　数	193 千字
版　次	2025 年 2 月第 1 版
印　次	2025 年 2 月第 1 次印刷
书　号	ISBN 978-7-5504-6610-4
定　价	35.00 元

专家顾问委员会

总序

在这片古老而又充满活力的土地上，稻穗金黄，麦浪翻滚，这是中国农业的生动写照。然而，随着时代的车轮滚滚向前，我们对这片土地的耕耘与期待也在不断升级，农业、农村、农民——"三农"问题一直是国家发展的重要基石，农业的现代化、农村的振兴、农民的素质提升，已成为推动社会进步的关键力量。西南财经大学出版社推出的"服务'三农'系列图书"正是在这样的大背景下应运而生的，旨在为农业农村现代化发展提供智力支持和实践指导。

一、选题背景

2023 年，《农业农村部办公厅关于做好 2023 年高素质农民培育工作的通知》发布，这不仅是对农业人才的一次全面提升，更是对乡村振兴战略的有力支撑。我们看到了国家对于培养新时代农民的坚定决心和明确方向。高素质农民不仅要有扎实的农业知识，更要有创新精神和实践能力，能够在新的历史条件下，引领农业发展，促进农村繁荣，带动农民增收。我们深知，高素质农民的培养，不仅是知识的传授，更是精神的传承和实践的引领。

二、出版意义

"服务'三农'系列图书"的出版，正是响应国家号召，致力于培养具有现代视野、创新思维和实践能力的新型农民。我们希望通过本系列图书，为农民朋友以及投身农村建设的干部群众提供系统的学习资料，帮助他们在农业科技、经营管理、法律法规等方面获得全面的提升。

三、书系内容与结构

本系列图书分为两大类：一类是"培育现代化新农人图书"；另一类是"高素质农民培育与农业农村知识科普图书"。我们注重实用性与学术性的结合，力求让每一位读者都能在轻松阅读的同时，获得深刻的洞见。写作语言力求简洁明了，图书内容力求深入浅出，写作目标是让每一位农民都能轻松掌握图书内容。

培育现代化新农人图书：聚焦于新农人的创业实践和技能提升，包括《农产品直播带货：从入门到精通》《"三农"短视频：从入门到精通》以及《农产品电商课程：从入门到精通》等书籍。这些书籍将为农民朋友们提供实用的创业指导和技能训练，帮助他们在新经济形态下找到适合自己的发展路径。

高素质农民培育与农业农村知识科普图书：侧重于普及农业农村相关知识，包括《新时代"三农"金融知识 100 问》《乡村振兴战略与政策 100 问》等。这些书籍将帮助农民朋友们更好地理解农业政策，掌握相关法律法规，促进农业与相关产业的融合发展。

四、对读者的期望与祝福

我们期望"服务'三农'系列图书"能够成为农民朋友们的良师益友，不仅在知识层面给予他们丰富的滋养，更在精神层面激发他们的创新意识和实践勇气。我们相信，通过不断的学习和实践，广大农民朋友都能够成为新时代的农业先锋，为实现乡村振兴战略贡献自己的力量。

愿"服务'三农'系列图书"能够伴随每一位农民朋友在农业现代化的道路上不断前行，共创辉煌。

愿"服务'三农'系列图书"成为连接知识与实践、传统与创新的桥梁，助力每一位农民朋友在新时代的农业发展中绽放光彩。

最后，我们向所有致力于农业农村发展的人致以崇高的敬意。

陈耿宣　张藜山

2024 年 8 月

前言

随着中国特色社会主义进入新时代，全面推进乡村振兴是新时代建设农业强国的重要任务。党的二十大报告明确指出"全面推进乡村振兴"，这是党和国家在新时代背景下对"三农"工作的重大战略部署。乡村振兴不仅关系到亿万农民的福祉，也是实现中华民族伟大复兴的重要内容。正如习近平总书记所说："小康不小康，关键看老乡。"自党的十九大首次提出实施乡村振兴战略以来，中国特色社会主义乡村振兴道路不断发展完善。这条道路不仅根植于党的百余年乡村政策，更是在探索和实践中形成和发展的，具有丰富的内涵、鲜明的特征和明确的发展要求。2023年中央一号文件明确要求："举全党全社会之力全面推进乡村振兴，加快农业农村现代化。"

为更好地理解和落实乡村振兴战略，帮助广大农民朋友和基层政府工作人员系统地了解乡村振兴政策，我们编撰了这本《乡村振兴战略与政策100问》。这本书以问答形式呈现，通过与乡村振兴有关的100个政策问题以及实践案例，以通俗易懂的语言为读者揭示乡村振兴战略的多维度内容，既适合广大农民朋友利用各项乡村振兴政策实现创业增收，也适合政府基层工作人员等专业人士阅读参考。

在本书中，我们深入浅出地为农民朋友和基层政府工作人员讲解了乡村土地制度改革、乡村就业创业、乡村法治、乡村生态文明等各项关乎农民切身利益的重要内容。通过对这些政策的解读和实际案例的分享，我们希望能够系统地帮助农民朋友和基层政府工作人员了解我国乡村振兴政策的基本知识，更重要的是帮助广大农民朋友利用各项乡村振兴政策，获得在农业生产实践中遇到的各种问题的解决方案。

习近平总书记强调："要坚持以实干促振兴，遵循乡村发展规律，规划先行，分类推进，加大投入，扎实苦干，推动乡村振兴不断取得新成效。"我们希望，这本书能够为广大农民朋友和相关基层工作者提供一把开启乡村振兴新篇章的钥匙，共同走出一条中国特色社会主义乡村振兴道路。

衷心希望本书能够成为广大读者了解乡村振兴政策、落实乡村振兴战略的重要参考书籍，为全面推进乡村振兴、加快农业农村现代化贡献一份力量。

作者

2024 年 8 月

目录

六 卫生保健篇 / 175

一　增收减负篇

1. 农村增收减负的核心内容是什么？

农村增收减负是一个旨在提升农民收入、改善农村经济状况的综合性战略。具体来说，它包含了以下六个方面的核心内容。

第一，农村增收减负强调增加农民的收入来源。通过发展多元化农业、推广高效农业技术和农村特色产业，农民的经营性收入得到了显著提升。例如，通过引入先进的灌溉系统和种植技术，农民能够更有效地利用水资源，提高作物的产量和质量。同时，农产品深加工、品牌建设和电商销售等手段的运用，也大幅提升了农产品的附加值，从而增加了农民的收益。例如，北京市昌平区南口镇居庸关村十年间靠着"一根拔河绳"凝聚人心、提振士气，大力挖掘当地历史文化资源，发展休闲农业等乡村旅游产业，实现了从乱到顺、从顺到兴、从兴到旺的巨大转变。村集体实现年收入300余万元。这一成功案例为其他地区提供了宝贵的经验。

第二，政府注重增加农民的就业创业机会。通过政府提供的职业技能培训、鼓励返乡创业等措施，农民的非农就业机会增多，工资性收入也随之提高。此外，农业补贴政策的优化确保了补贴资金精准有效地到达真正需要的农民手中，减轻了农民的经济压力。为了减轻农业生产成本，政府也采取了一系列措施。例如，河北、内蒙古、辽宁、吉林、黑龙江、四川、云南、西藏等13个省份，以及新疆生产建设兵团和北大荒农垦集团有限公司，实施草原生态保护补助奖励政策。补奖资金用于支持实施草原禁牧、推动草畜平衡；有条件的地方还可将资金用于推动生产转型，提高草原畜牧业现代化水平。此政策在乡村振兴阶段对于巩固脱贫攻坚时期生态保护与牧民增收成果有着重要意义，并持续助力乡村产业绿色发展。

第三，在金融服务方面，政府加强了农村普惠金融的发展，提供了适合农民需求的信贷产品，降低了农民的融资成本。此外，农村社会保障体系的完善，如养老保险、医疗保险的完善等，也降低了农民因老、因病致贫的风险。这些措施的实施，不仅提高了农民的生活质量，也为农村地区的长远发展奠定了坚实的基础。例如，通过建立农村合作医疗制度，农民能够享受到更加便捷和经济的医疗服务，这在很大程度上减轻了他们的医疗负担。

第四，农村增收减负还涉及土地制度改革和公共服务水平的提升。通过土地流转、股份合作等措施，农民的财产性收入有所增加。例如，河北巨鹿推动城乡就业创业一体化发展，天津滨海新区实现城乡供水一体化，北京密云"邻里互助点"破解农村独居老年人照料之困等。这些举措都是乡村振兴进程中提升农村公共服务均等化水平与改善民生福祉的重要体现，也是在公共服务领域巩固拓展脱贫攻坚成果同乡村振兴有效衔接的有力实践。

第五，脱贫攻坚时期成功实施的精准扶贫政策，为乡村振兴奠定了坚实基础，其积累的精准识别、精准帮扶等宝贵经验与工作机制，在当下防止返贫监测帮扶等工作中仍发挥着重要作用。同时，农村增收减负鼓励科技兴农，推广现代农业技术，提高了农业生产效率，降低了生产风险，为农民带来了更稳定的收入。农村增收减负是一个全面而系统的工程，它旨在通过多方面的措施，实现农民收入的持续增长，减轻他们的经济负担，提高他们的生活质量，并推动农村经济全面发展。

第六，通过这些政策的深入实施，农村地区的面貌得到了显著改善。农民的收入水平提高了，经济负担减轻了，生活质量也得到了提升。这些变化不仅体现在经济数据上，更体现在农民的日常生活中。农村增收减负政策的实施，为农民带来了实实在在的好处，也为农村地区的可持续发展提供了有力支持。随着政策的不断深化和完善，我们有理由相信，农村地区的明天会更加美好。

2. 如何助力农民增收减负？

农村增收减负的相关政策旨在多维度提升农民收入，同时减少其经济负担，推动农村经济的可持续发展。这些政策主要包括以下八个方面。

第一，为了直接增加农民收入，政府实施了农业支持保护政策，如种粮直补、良种补贴、农资综合补贴等，以及农产品价格保护政策，即通过最低收购价政策确保农民种植基本农产品的收益。同时，推广农业保险制度，减少自然灾害等不可预见因素对农民收入的影响，如北京市顺义区的尾菜资源化利用、天津市西青区的小站稻标准化生产模式等。

第二，在土地制度改革方面，政府制定政策推动农村土地流转、宅基地改革，帮助农民增加财产性收入。其中，农村金融创新政策通过发展农村信贷、农业保险、农产品期货等金融工具，降低农民融资成本，提高其融资能力。例如，广东省政府已经在珠海市斗门区、佛山市南海区、韶关市南雄市、惠州市龙门县、汕尾市陆河县、肇庆市德庆县全面启动新一轮农村宅基地制度改革试点，探索完善宅基地管理制度的方法路径。这一系列土地与金融改革举措在乡村振兴阶段持续为农民财产权益保障与资源盘活赋能，是巩固拓展脱贫攻坚成果在相关领域的深化体现。

第三，为了增加农民的非农收入，政策还注重农民工职业技能培训，提高农民工的就业能力，增加其工资性收入。同时，政策还支持农村电商发展，拓宽农产品销售渠道，提高农产品的市场化水平。例如，四川省眉山市仁寿县建立了农民工大数据分析平台，清晰展示全县农民工就业信息，并常态化收集掌握县内企业用工需求，组织专场招聘会，推进村（社区）农民工综合服务站建设，为农民工提供就业创业政策宣讲、技能培训等服务。

第四，农业产业化经营政策鼓励龙头企业发展，带动农民参与现代农业产业链，提高农民收入。加强农村基础设施建设，如交通、水利、电力、通信等，降低农民的生产生活成本。此外，该政策还注重提升农村公共服务水平，改善农村教育、医疗、文化等条件，减轻农民负担。例如，辽宁省朝阳市十家子村利用亲情、乡情吸引大学生返乡创业，发展农村电商新业态，通过"互联网+种植基地+深加工基地+合作社+实体店"的模式，推动当地特色农产品高质量发展。这些举措在乡村振兴中进一步强化了农村产业发展与公共服务提升的协同效应，持续助力农民增收减负与农村全面进步。

第五，脱贫攻坚时期成效显著的精准扶贫政策，确保扶贫资源有效利用，通过精准帮扶助力农村贫困人口脱贫，提高扶贫效率。其中，农村税费改革政策通过减免农业税、降低农村教育、医疗等费用，直接减轻农民的经济负担。例如，甘肃省陇南市通过发展电子商务，将当地特色的优质农产品销售出去，帮助贫困地区农民实现增收，促进了农民思想观念的转变。

第六，政策支持农村合作经济组织发展，如农民专业合作社、家庭农场等新型农业经营主体，提高农民组织化程度，增强其市场竞争力。同时，政策鼓励农村创新创业，支持农民工返乡创业，并提供创业指导和资金支持，进一步拓宽农民的增收渠道。这些政策综合发力，有效提升了农民的生产效率，增加了农民的收入来源，减轻了农民的经济负担，为农村经济的持续发展注入了新的活力。

第七，为了进一步促进农村增收减负，政策还强调了对农村教育的投资，通过提高农村教育质量，让农民的子女获得更好的教育机会，从而打破贫困代际传递的链条。投资教育不仅能够提升农村人口的整体素质，还能够为农村经济的长期发展培养更多的人才。

第八，政策还鼓励发展农村旅游，利用农村的自然资源和文化特色，吸引城市居民前来旅游消费。这不仅能够为农民提供新的收入来源，还能够促进农村地区的文化保护和传承。

这些增收减负政策不仅直接提高了农民的收入，还通过改善农村的生产条件、提升农民的生活质量、促进农村的可持续发展，为农村经济的长期繁荣打下了坚实的基础。

3. 中央对农村增收减负提出了哪些核心要求？

针对农村增收减负，2024年中央一号文件（以下简称"文件"）提出了一系列核心要求，旨在全面推进乡村振兴与农民福祉的提升。这些要求具体包括如下内容。

第一，保障粮食安全与提高农业生产效率。文件重申了"藏粮于地、藏粮于技"的战略，强调稳定粮食种植面积，通过科技进步提升单产，确保国家粮食产量稳定在1.3万亿斤以上。这既是对国家粮食安全的坚守，也为农民增收提供了坚实基础。例如，河南省通过走依靠科技进步提高单产的内涵式发展道路，培育了一大批优良小麦、玉米新品种，实现了小麦、玉米良种覆盖率分别超过98%和100%，有效提高了粮食单产。

第二，建立返贫监测与帮扶机制。为有效防止返贫现象，文件提出构建动态监测机制，特别关注有劳动能力和意愿的监测户，实施精准的开发式帮扶措施，并健全社会救助体系。这一机制旨在及时发现并解决农民可能面临的返贫风险问题，保障其稳定脱贫。例如，贵州省铜仁市江口县通过防贫预警监测机制使防止返贫工作取得了显著成效。

第三，推动乡村产业升级与绿色发展。文件强调产业兴农、质量兴农、绿色兴农，要求加快构建现代乡村产业体系。通过引入新技术、新模式，如智慧农业、生态农产品等，提升乡村产业附加值，促进农户增收。例如，浙江省温州市曹村镇成功引入智慧稻田共享平台，打造智能农业大数据科技园，推出生态胚芽大米，带动了农户增收。

第四，促进农民就业，提升技能水平。为了拓宽农民增收渠道，文件强化了中小微企业稳岗政策，即稳定农民工就业，并推动农民工职业技能水平提升。这些措施旨在提高农民的非农收入，增强其就业竞争力。

第五，深化农村产权制度改革。文件提出深化农村土地制度和集体产权制度改革，推进农村产权流转交易规范化，赋予农民更充分的财产权益。这有助于激发农村资源活力，为农民增收开辟新途径。例如，海南省文昌市作为全国首批农村"三块地"改革试点地区之一，探索了"土地整治+"宅基地改革和集体土地入市、"土地征收+"集体土地入市、集体土地入市助力脱贫攻坚等改革新模式。

第六，加强农村低收入人口帮扶。文件强调对农村低收入人口的常态化帮扶，确保防止返贫机制的有效运行，并分类推进帮扶产业发展。这有助于巩固脱贫攻坚成果，提升农民的整体生活水平。

综上所述，中央对农村增收减负的核心要求体现在全方位、多层次的政策体系中。既关注农业生产的基础保障，又注重乡村产业的转型升级；既重视农民职业技能水平的提升，又深化农村产权制度的改革；同时，还加大了对农村低收入人口的帮扶力度，确保农民在乡村振兴的道路上共享发展成果。

4. 确保国家粮食安全的战略意义是什么?

确保国家粮食安全的战略意义深远且多维,它不仅关乎国民的基本生存需求,更是国家稳定、经济繁荣和社会发展的基石。以下是对这一战略意义的具体阐述。

首先,粮食作为国民经济的基础,其安全直接关系到国家经济的稳定与发展。稳定充足的粮食供给能够保障人民的基本生活需求,为国家的经济建设提供坚实的物质基础。粮食安全是社会稳定的重要保障,它能够减少因粮食短缺而引发的社会动荡,确保国家的长治久安。例如,山东省武城县全面推行田长制,建立县、乡、村三级田长制体系,确保耕地保有量和永久基本农田面积不减少。这一举措不仅保护了耕地资源,也为提高粮食产量奠定了基础。又如,吉林省长岭县进行重度盐碱地改良与利用技术示范,从而提高耕地质量。这样的技术革新对于提升土地的产出能力具有重要意义,有助于实现粮食生产的可持续发展。

其次,确保粮食安全还能够促进农业现代化和可持续发展。通过提高农业生产效率、推广现代农业技术,农业可以向更高质量、更可持续的方向发展。现代农业技术的应用,如智能农业、精准农业等,不仅提高了作物的产量和质量,还减少了农业生产对环境的负面影响。同时,粮食安全政策往往伴随着对农民的支持和保护,如提供种植补贴、农业保险等,这些措施有助于提高农民的收入水平,缩小城乡差距,推动农村经济的繁荣和发展。此外,多样化的农业经营模式的发展,如家庭农场、农业合作社等，可以进一步提高农业生产的组织化和规模化水平，增强农业的市场竞争力。

再次，粮食生产与生态环境密切相关。在保障粮食安全的同时，也需注重生态保护和可持续的土地利用，从而实现农业生产与环境保护的协调发展。这不仅能够确保粮食生产的可持续性，还能够为国家的生态文明建设做出贡献。例如，通过推广节水灌溉技术、使用有机肥料等措施，农业生产对水资源和土壤的消耗可以有效减少，从而保护农业生态环境。同时，实施轮作休耕制度，可以让土地通过休养生息恢复地力，这对于维护土地的长期生产能力至关重要。

从次，全国各地政府在确保粮食安全方面进行了有效探索。我国农业农村部也公布了农业执法保障粮食安全的典型案例。例如，贵州省毕节市七星关区某农资公司经营假大豆种子，当地政府通过农业执法和监管，有效打击了假冒伪劣农资产品，保护了农民的合法权益，维护了农业生产秩序。在这一过程中，提高农民的科技素质和法律意识同样重要，政府要通过开展农业科技培训和法律知识普及，使农民更好地掌握现代农业技术，提高他们依法维护自身权益的能力。

最后，保障粮食安全需要全社会的共同参与和努力。这包括提高公众的粮食安全意识，倡导节约粮食、减少浪费的良好风尚，以及通过教育和宣传，增加人民的营养健康知识，促进健康饮食习惯的养成。要通过这些措施形成全社会共同维护粮食安全的良好氛围，为国家的长远发展和人民的幸福生活提供坚实的保障。

5. 为什么要落实防止返贫动态监测和帮扶机制？如何实现？

以下综合措施旨在巩固脱贫攻坚成果，推动乡村振兴的全面发展。

第一，建立县级监测机制是关键。县级政府需构建防止返贫动态监测系统，利用大数据、云计算等先进技术，实时监测农户收入状况以及"两不愁三保障"的实现情况。例如，山东省聊城市莘县采取"五项硬核举措"坚决守牢防止返贫底线，通过强化动态监测、精准识别帮扶对象，有效防止了返贫现象的发生，确保了政策的精准落地和农户的实际受益。

第二，精准识别帮扶对象是基础。政府要通过农户自主申报、乡村干部走访、部门筛查预警等多种方式，及时发现并识别可能返贫的农户，将他们纳入监测范围，并根据返贫风险的严重程度实施分类管理。例如，浙江省杭州市创新低收入人口动态监测帮扶机制，通过构建抗风险能力赋分模型，将监测对象划分为不同风险等级，并建立"12345"三级助联体平台，为低收入群体提供多元化帮扶。这样的措施不仅提高了帮扶的精准性，也增强了帮扶的实效性。

第三，在帮扶措施上，应该采取多元化策略。针对监测户的具体情况，制订个性化的帮扶计划，明确帮扶措施、责任人和完成时限。例如，江西省开发了"江西省防返贫监测平台"，对脱贫不稳定户、边缘易致贫户、突发严重困难户进行及时预警、快速发现和分类帮扶。通过"农户自主申报、部门数据比对、干部常态摸排"三线并行模式，政府确保了农户应纳尽纳。这样的做法有效地提升了帮扶工作的效率，扩大了帮扶覆盖面。

第四，金融支持和社会帮扶也是重要手段。政府应该发挥小额信贷等金融扶贫政策的作用，为监测户提供必要的资金支持；同时，动员社会力量参与防止返贫帮扶，形成政府、市场、社会协同推进的大扶贫格局。例如，政府通过设立扶贫基金、鼓励企业参与社会责任项目、开展公益扶贫活动等方式，为防止返贫提供更加多元化的资金和资源支持，同时也有助于构建全社会共同参与的良好氛围。

第五，为确保各项措施落到实处，政府应该强化责任落实，明确各级党委和政府的主体责任，将防止返贫帮扶工作纳入考核体系，形成工作合力。同时，加强宣传引导，提高农户对防止返贫帮扶政策的知晓率和参与度，激发他们的内生动力，提高其自我发展能力。此外，政府可以定期组织针对农户的培训和教育活动，从而提升农户的职业技能水平和创业能力，这也是促进其自我发展的重要途径。

这些综合措施的实施，旨在及时发现并帮扶可能返贫的农户，巩固脱贫攻坚成果，为全面推进乡村振兴奠定坚实基础。同时，要注重可持续发展，激发农户的内生动力，提高他们的自我发展能力，确保乡村振兴工作的长期性和稳定性。在这一过程中，持续跟踪和评估帮扶效果，及时调整和优化帮扶策略，是确保帮扶工作有效性的关键。通过建立长效机制，确保帮扶政策的连续性和稳定性，可以更好地帮助农户实现持续增收，防止返贫现象的发生。

6. 县级防止返贫动态监测和帮扶机制如何建立？有什么典型政策可以学习？

建立县级防止返贫动态监测机制，是确保持续巩固脱贫攻坚成果的重要一环。这一机制的建立涉及多个关键步骤和政策参考，旨在实现精准监测、有效帮扶和长效巩固。

明确监测对象是建立县级监测机制的首要任务。县级政府要将已脱贫但不稳定户和收入略高于建档立卡贫困户的边缘户作为重点监测对象，确保不遗漏任何可能存在返贫风险的家庭。例如，安徽省芜湖市制定了监测对象识别的标准和程序，确保了监测对象的精准识别。

制定具体的监测标准是确保监测工作精准有效的关键。县级政府应根据当地实际情况，将人均可支配收入低于国家扶贫标准的家庭，以及因病因灾等导致刚性支出明显超过收入的家庭纳入监测范围，从而准确识别返贫风险。例如，陕西省安康市宁陕县构建了"五项机制"压实责任，拓展"六大渠道"强化监测，落实"七类举措"对症施策，确保守住"零返贫、零致贫"底线目标。

在监测程序方面，县级相关单位应负责组织实施，通过农户申报、乡村干部走访排查、相关行业部门筛查预警等途径，确定监测对象，并将其录入全国扶贫开发信息系统，实行动态管理。这有助于政府及时掌握监测对象的变化情况，确保帮扶工作的针对性和有效性。例如，贵州铜仁市德江县通过明确的风险消除标准和程序，对曾华等 3 户共计 19 人防贫监测对象进行了风险消除。

要注重开发式与保障性措施相结合。对有劳动能力的监测对象，要采取开发式帮扶措施，如支持发展产业、转移就业等；对无劳动能力的监测对象，则要强化社会保障措施，确保其基本生活需求得到满足。

政府应发挥主导作用，同时引导市场和社会力量参与，形成防止返贫的工作合力。政府应将外部帮扶与群众自身努力相结合，培养贫困群众的自我发展能力，实现可持续发展。例如，宁夏通过健康保障项目，动员社会力量参与，以全面总结公共服务助力脱贫攻坚的先进经验和典型做法。

政策支持是监测机制建立的重要保障。政府要参考《国务院扶贫开发领导小组关于建立防止返贫监测和帮扶机制的指导意见》等政策文件，确保监测机制有明确的政策依据和资金支持。

在资源整合方面，县级政府应整合各级政府、社会组织、企业等的资源，为监测和帮扶工作提供充足的资金和物资支持。同时，利用信息技术如大数据等，开发居民家庭经济状况核查系统，实现数据信息"一站式"核对，从而提高监测效率和准确性。例如，四川省凉山彝族自治州布拖县通过省、市、县、乡、村五级联动的防止返贫监测和应急救助机制，利用信息化手段进行动态监测。

此外，县级政府还要对监测对象进行定期回访和评估，根据情况变化及时调整帮扶措施，确保帮扶资源精准有效，为持续巩固脱贫攻坚成果提供有力保障。

7. 建立县级防贫监测预警机制的具体措施应如何落到实处？
——以贵州省铜仁市江口县为例

贵州省铜仁市江口县建立的防贫预警监测机制在防止返贫工作中取得了显著成效，其主要特点与经验对于其他地区的政府而言具有宝贵的借鉴意义。

首先，江口县的防贫监测预警机制实现了立体监测，通过群众申请、网格监测、部门预警等多种方式，对重点人群进行动态管理，确保及时发现并识别存在返贫致贫风险的人口。这种全方位、多角度的监测方式，为精准预警和帮扶打下了坚实基础。例如，江口县通过建立县、乡、村三级监测网络，确保监测工作覆盖到每一个角落、每一户人家，从而做到不漏一户、不落一人。

其次，江口县注重精准预警，利用医疗卫生大数据等系统进行监测，对大病支出、交通事故等可能引发返贫的情况及时发出预警。这种预警机制的建立，有助于提前介入、及时帮扶，降低返贫风险。此外，江口县还通过与保险公司合作，为监测对象提供定制化的保险产品，减轻意外事故或重大疾病导致的经济压力，进一步增强了监测对象的抗风险能力。

再次，江口县对监测对象实施了政策性收入增加、医疗报销比例提高、社会救助等多重保障措施，确保其基本生活需求得到满足。同时，实行红、橙、黄"三类标识"管理，逐户制订防贫方案，形成"一户一报告"，使帮扶工作更加精准有效。江口县还特别注重对边缘易致贫户的帮扶，通过提供小额信贷、技能培训等措施，增强他们的自我发展能力，帮助他们稳定增收，从而有效防止返贫。

从次，江口县坚持因户施策，针对不同原因导致的返贫风险，制订个性化的帮扶方案，确保帮扶措施精准有效。此外，江口县通过整合政策资源、社会资源以及利用东西部协作资金，建立县级和乡镇级防贫救助资金池，为有需要的监测对象提供资金支持。江口县还积极探索"互联网+"帮扶模式，通过建立在线帮扶平台，实现帮扶资源的精准对接和高效分配，提高了帮扶工作的透明度和公信力。

最后，江口县注重产业扶贫，通过发展特色产业，带动监测对象参与产业分红、就业，实现长效增收。这种以产业发展带动脱贫的方式，为监测对象提供了稳定的收入来源，有效防止了返贫现象的发生。此外，江口县依托当地自然资源和文化资源，大力发展乡村旅游、特色农业等产业，通过建立合作社、家庭农场等，引导监测对象参与产业发展，共享产业发展的红利。

综上所述，对于其他地区的政府而言，江口县的防贫监测预警机制具有以下借鉴意义：预防为主、动态监测、多部门协作、个性化帮扶、社会参与和持续跟踪。这些措施有助于实现早期预警和干预，降低返贫风险；同时，通过跨部门合作、社会参与和持续跟踪，政府能够确保帮扶工作的针对性和有效性，为巩固脱贫攻坚成果提供有力保障。江口县的经验还表明，建立有效的激励和约束机制，确保各项帮扶措施落到实处，是提高帮扶成效的关键。此外，通过建立科学的考核评价体系，对帮扶工作进行定期评估和反馈，可以及时发现和解决帮扶过程中的问题，不断提高帮扶工作的质量，增强帮扶效果。

8. 政府在建立防贫监测预警机制时，还有哪些关键点需要注意？

在建立防贫监测预警机制的过程中，政府需特别注意以下六个关键点，以确保机制的高效、精准与可持续性。

第一，构建多级联动体系。首要任务是建立州、县、乡、村四级紧密联动的监测网络，确保从顶层到基层的信息畅通无阻，资源能够迅速调配到位。通过"一户一策"的定制化帮扶策略，实现精准施策，提升脱贫成果的稳定性和质量。例如，云南省实施"一户一策"的具体做法是针对每个脱贫家庭的具体情况，制订个性化的增收计划。这包括对家庭的资源、劳动力、技能等进行详细分析，然后根据分析结果，为每个家庭提供定制化的帮扶措施。

第二，坚持个性化帮扶原则。在识别监测对象时，政府必须深入细致地了解每户家庭的具体状况，包括其经济状况、致贫原因、发展需求等，进而制订并实施个性化的帮扶计划。这要求政府坚持因户施策、因人施策，确保帮扶措施与监测对象的实际情况高度匹配，以有效防止返贫致贫现象发生。

第三，完善风险排查与认定机制。政府应采用多元化手段全面搜集风险线索，包括集中排查、自主申报、日常摸排、部门推送及关联监测等，以确保风险排查无死角。同时，政府应建立严格规范的认定程序，通过科学分析、信息核实、公开评议及复查审核等环节，确保监测对象的准确性，避免遗漏或误判。例如，四川省宜宾市应急管理局在对江安县百瑞安混凝土搅拌有限公司进行执法检查时，发现该公司存在未开展有限空间作业辨识的违法行为，违反了相关规定，因此对该公司及公司总经理进行了罚款。

第四，实施多元化帮扶措施。根据监测对象的风险类型和发展需求，灵活组合产业、就业、金融、教育、健康等多种帮扶手段，形成综合施策的合力，旨在提升监测对象的自我发展能力，从而实现稳定脱贫和长效增收。

第五，强化动态管理与组织保障。政府要实施动态监测，对风险线索及时核查，对重点人群持续关注，确保监测机制的灵活性和响应速度。同时，严格落实"四个不摘"要求，即摘帽不摘责任、摘帽不摘政策、摘帽不摘帮扶、摘帽不摘监管，压实各级各部门责任，为机制运行提供坚实的组织保障。例如，四川省人民政府安全生产委员会办公室发布了《四川省安全风险分级管控工作指南》（川安办〔2017〕25号），旨在指导和规范全省开展安全生产领域各类风险点的辨识、评估、管控工作，构建安全风险分级管控和隐患排查治理双重预防机制，有效防范重特大生产安全事故的发生。

第六，加强监督与信息化建设。政府应建立健全监督机制，对监测预警帮扶工作进行全程跟踪和效果评估，对违规行为严肃处理，确保政策执行不走样。同时，依托现代化信息技术手段，完善监测对象基础数据库，实现信息共享和数据分析，从而提高监测预警的效率和准确性。

建立防贫监测预警机制需综合考虑上述关键点，形成一套科学、系统、高效的制度体系，以有效预防和解决返贫致贫问题，巩固脱贫攻坚成果。

9. 中央对提升乡村产业发展水平的核心要求有哪些？

提升乡村产业发展水平对于实现乡村振兴战略、促进区域均衡发展、保障国家粮食安全和推动农业现代化具有重要意义。它不仅能够增加农民收入，改善农村居民生活质量，而且有助于优化农业产业结构，提高农产品的附加值和市场竞争力。此外，发展乡村产业还能够吸引更多人才和资本流向农村，促进农村社会经济全面发展，实现城乡融合，为构建和谐社会和可持续发展目标做出贡献。以下为提升乡村产业发展水平的主要指导性政策文件。

《中共中央国务院关于学习运用"千村示范、万村整治"工程经验有力有效推进乡村全面振兴的意见》。该文件关键内容有推动农产品加工业优化升级，促进农村一、二、三产业融合发展，强化农民增收举措等。

《中共中央国务院关于做好 2023 年全面推进乡村振兴重点工作的意见》。该文件强调了培育壮大县域富民产业的重要性，提出了完善县乡村产业空间布局，提升县城产业承载和配套服务功能，实施"一县一业"强县富民工程等举措。

《全国乡村产业发展规划（2020—2025 年）》。该文件关键内容包括发掘乡村功能价值，强化创新引领，突出集群成链，培育发展新动能，聚集资源要素，加快发展乡村产业等。

《国务院关于印发"十四五"推进农业农村现代化规划的通知》。该文件为"十四五"期间农业农村现代化提供了发展蓝图，涉及乡村产业发展的多个方面。

《国务院关于促进乡村产业振兴的指导意见》。该文件明确了乡村产业的性质和发展方向，解答了"抓什么""怎么抓"的问题，为今后一个时期的乡村产业发展提供了指导。

这些政策文件不仅为乡村产业的发展提供了宏观指导，而且也提出了具体的实施路径和措施。例如，通过推动农业与旅游、文化、健康等产业的深度融合，发展休闲农业和乡村旅游，可以有效地提升农业的附加值，同时也为农村居民提供新的就业机会和收入来源。

在推动乡村产业发展的过程中，加强农业科技创新和推广应用是提升产业发展水平的关键。通过引进新技术和培育新品种，提高农业生产效率和产品质量，可以增强农业的竞争力。同时，加强农业科技服务体系建设，为农民提供技术指导和培训，是提高农业生产能力和乡村产业整体水平的重要途径。此外，加强农业品牌建设，提升农产品的知名度和影响力，也是推动乡村产业发展的重要方面。通过打造地域特色品牌，开展农产品地理标志保护，可以提高农产品的市场认可度和附加值，从而增加农民的收入。

乡村产业的发展还需要良好的政策环境和服务体系。首先，通过优化政策支持，提供财政、税收、金融等方面的优惠政策，可以吸引更多的社会资本投入到乡村产业中。其次，加强乡村基础设施建设，改善农村的生产生活条件，也是促进乡村产业发展的重要基础。在推动乡村产业发展的过程中，还需要注意保护农村生态环境，实现产业发展与环境保护的协调统一。通过推广绿色生产方式，加强农村环境治理，确保乡村产业的可持续发展。最后，加强农村人才培养和引进，为乡村产业发展提供人力资源支持，是提升乡村产业发展水平的重要措施。通过加强农村教育，培养新型职业农民，以及吸引外出农民工、高校毕业生等返乡创业，可以为乡村产业发展注入新的活力。

这些政策文件提供了乡村产业发展的框架和方向，旨在通过创新驱动、产业融合、品牌建设、环境优化等措施，促进乡村产业的全面升级和可持续发展。这些措施的实施需要各级政府、企业和农民的共同努力，通过多方参与和合作，形成推动乡村产业发展的强大合力。同时，也需要不断地总结经验、创新模式，以适应不断变化的市场需求和发展趋势。

10. 乡村政府如何有效提升乡村产业发展水平？

为了有效提升乡村产业发展水平，全面推动乡村经济的繁荣与振兴，乡村政府应采取一系列综合性策略。

第一，优化产业结构与培育特色。要精准对接市场需求，调整和优化农业产业结构，大力发展具有地方特色的农业产业和优势农产品。通过集中力量解决产业瓶颈问题，如加工、销售等，为特色产业营造良好的发展环境，增强其市场竞争力。如，某些地区可能拥有独特的气候和土壤条件，适合种植特定的作物，乡村政府可以鼓励农民种植这些作物，并提供技术支持和市场销售渠道，从而形成特色农产品品牌。

第二，强化品牌建设与深加工。加强农产品品牌建设，提升品牌影响力和附加值，是增加农民收入的有效途径。同时，要推动农产品深加工，延长产业链，提高农产品的加工转化率和综合效益，进一步挖掘农产品的市场潜力。例如，广西壮族自治区百色市田东县的国家农村产业融合发展（芒果）示范园通过加大科技研发推广力度，提升了芒果种植管理技术、芒果品质，并推动了芒果营销、产旅融合、农产品深加工等多方面的发展。这不仅提升了芒果产业的整体价值，也为当地农民带来了更多经济效益。

第三，完善基础设施与经营主体。在硬件方面，乡村政府要加大对农村交通、水利、电力、通信等基础设施的投入，为乡村产业发展奠定坚实基础。同时，乡村政府要积极培育和发展家庭农场、农民合作社、农业产业化龙头企业等新型农业经营主体，提高农业生产的规模化和集约化水平。例如，云南省昭通市通过发展"交通+"模式，推进农村公路建设，改善交通设施，激活了旅游潜力、促进了产业融合，为乡村振兴打造了新引擎。这表明基础设施的完善对于乡村产业的发展至关重要。

第四，加强科技支撑与人才培养。在软件支持上，乡村政府要强化农业科技创新和成果转化，提升农业生产的智能化、信息化水平。通过开展农民职业技能培训，提高农民的科技应用能力和市场经营能力，培养适应现代农业发展的新型农民队伍。例如，四川省农业科学院在科技成果转化方面取得了突破，发布了多项实用成果技术要点，并开展了农业科技进乡村"三个一"行动，推动了农业科技的普及和应用，这有助于提升农业生产效率和农产品质量。

第五，拓宽融资渠道与市场渠道。发展农村普惠金融，改善金融服务，为乡村产业发展提供充足的资金支持。同时，利用电子商务等现代流通方式，拓宽农产品销售渠道，打破地域限制，提高农产品的市场可达性和竞争力。随着互联网的普及，越来越多的乡村地区开始利用电商平台销售农产品，这不仅为农民提供了更广阔的市场，也为消费者提供了多样化的产品选择。

第六，倡导绿色发展与创新创业。坚持绿色发展理念，推广绿色生产方式，加强生态保护，发展循环农业，提高农业可持续发展能力。同时，鼓励和支持返乡下乡人员创业，引入新理念、新技术、新业态，激发乡村创新创业活力，推动乡村产业不断升级和发展。以四川省遂宁市蓬溪县为例，该县通过种养废弃物资源化利用模式，推动了生态循环农业的发展。这种模式不仅提高了农业资源的利用效率，还促进了农业可持续发展能力的提升，体现了绿色发展的理念。

综上所述，乡村政府应通过优化产业结构、强化品牌建设、完善基础设施、加强科技支撑、拓宽融资渠道、倡导绿色发展等多方面的综合措施，有效提升乡村产业发展水平，促进乡村经济的全面振兴。这些措施的实施需要乡村政府的积极引导和支持，同时也需要农民的广泛参与和社会各界的共同努力。在政府引导、市场主导、农民参与、社会支持的良好局面形成之后，乡村产业的发展将更加充满活力和后劲。

11. 农村增收减负中，土地制度改革包含哪些内容？

在农村增收减负的进程中，土地制度改革扮演着至关重要的角色，其核心内容广泛而深刻，旨在激发土地资源的内在活力，促进农民收入增长，并推动农业现代化和乡村振兴。具体而言，土地制度改革包括以下九个方面。

第一，承包地确权登记颁证。这是确保农民土地承包经营权物权受到保护的重要步骤。明确土地权属能够为农民提供法律上的"定心丸"，既巩固和完善了农村基本经营制度，也为土地流转和规模经营奠定了基础。

第二，延长土地承包期。为了稳定农村土地承包关系，我国实施了第二轮土地承包到期后再延长 30 年的政策，这不仅保障了农民土地权益的长期稳定，也为农村的长远发展提供了制度保障。四川省早在 2019 年就开始启动第二轮土地承包到期后再延长 30 年的省级先行试点工作，选择了青神县、什邡市、苍溪县进行试点。

第三，"三权分置"改革。即落实集体所有权，稳定农户承包权，放活土地经营权。这一改革促进了土地资源的优化配置，激发了土地经营活力，使得土地能够作为生产要素更加灵活地流动，从而增加农民财产性收入。四川省都江堰市柳街镇鹤鸣村是我国首个完成土地确权的村庄，村民领到了"农村土地承包经营权证"，促进了土地流转，增加了收益。

第四，农村集体产权制度改革。通过完善农村产权市场，明晰集体资产产权归属，推动集体资产股份化、市场化运作，农民可以从中获得租金、薪金、股金等多重收益，显著提升了农村经济活力。陕西省安康市旬阳市李家台村以农村集体产权制度改革为契机，成立村股份经济合作社，把全村闲置耕地、林地统一流转到集体，入股现代农业园区。村民流转土地得租金、园区务工挣薪金、参与分红拿股金。

第五，土地征收、入市及宅基地制度改革。土地征收、入市改革旨在构建更加合理、公正的土地市场体系，保障农民在土地征收中的合法权益，同时探索集体经营性建设用地入市途径，增加土地收益。宅基地制度改革则关注农民居住权保障和宅基地合理利用。

第六，耕地保护与利用。严格执行土地利用总体规划的要求，实施严格的耕地保护政策；同时加大中低产田改造力度，提高耕地质量和产出效益，确保国家粮食安全。

第七，农业支持保护政策。建立健全农业农村投入稳定增长机制，完善农产品价格形成机制和市场调控制度，提高农业支持保护效能，为农业发展提供坚实保障。例如，云南省昭通市通过聚焦农村劳动力转移就业品质提升、重点产业培育、改革创新发展、特殊人群保障等方面，促进农民持续稳定增收。具体措施如建立精准对接机制、推进劳动力转移就业、盘活集体资源资产等。

第八，法律与政策完善。修订相关法律法规，落实稳定农村土地承包关系并保持长久不变的决策，明确二轮承包期满后耕地延包办法和新的承包期限，为农村土地制度改革提供法律支撑。

第九，土地经营权流转市场建设。加强农村产权交易市场建设，推动土地经营权流转交易规范化、市场化，构建新型经营主体政策扶持体系，为农业现代化和乡村振兴注入强大动力。

综上所述，农村增收减负中的土地制度改革是一个系统工程，涉及多个方面和层次，旨在通过制度创新和政策调整，激发农村土地资源的内在潜力，促进农民增收和农业现代化发展。

12. 如何依据《乡村振兴用地政策指南（2023年）》优化乡村建设用地布局？

第一，政策导向下的布局思路梳理。《乡村振兴用地政策指南（2023年）》（以下简称"《政策指南》"）为乡村建设用地布局提供了明确的方向指引。首先，要坚持规划引领，以县、镇、村三级规划为抓手，充分考虑乡村的自然地理条件、产业发展需求、人口分布特点等因素，统筹安排各类建设用地。例如，在确定村庄建设边界时，要结合乡村未来的发展预期，预留出一定的弹性空间，以适应可能出现的新产业项目落地或人口变动带来的用地需求。其次，要注重保护乡村的生态环境和历史文化资源，避免因盲目开发建设而破坏乡村的特色风貌与生态平衡。像一些古村落或生态敏感区域，政府应在规划中明确限制建设或禁止建设的范围，确保乡村的可持续发展。

第二，保障农村产业融合发展的用地布局策略。乡村振兴离不开产业的兴旺发达，而合理的建设用地布局是产业发展的重要支撑。依据《政策指南》，对于农村一、二、三产业融合发展项目用地，要给予优先保障和合理安排。一方面，可以在村庄内部或周边规划专门的产业园区或集中建设区，将农产品加工、仓储物流、乡村旅游服务设施等相关产业用地集中布局，实现产业集聚效应。例如，在一些农业资源丰富且具备旅游开发潜力的乡村，规划建设集农产品加工车间、游客接待中心、特色农产品展销馆等于一体的产业综合服务区，既方便企业间的协作交流，又能吸引更多游客，提升乡村产业的整体竞争力。另一方面，要创新用地供应方式，采用弹性年期出让、先租后让、租让结合等灵活多样的方式，降低企业的用地成本，提高土地利用效率。比如，对于一些季节性较强的农产品加工企业或乡村旅游项目，政府可以通过短期租赁土地的方式，使其能够根据经营需求灵活使用土地，避免土地资源的闲置浪费。

第三，公共服务设施用地布局与乡村宜居建设的协同推进。乡村建设用地布局还应充分考虑公共服务设施的配套建设，以提升乡村居民的生活质量和幸福感。按照《政策指南》，政府要合理规划布局学校、卫生院、文化活动中心、养老服务设施等公共服务用地，确保其覆盖范围和服务半径能够满足村民的日常需求。在布局过程中，政府要结合乡村的人口规模和分布情况，采用集中与分散相结合的方式。例如，在较大的中心村或人口较为密集的区域，集中建设较为完善的综合性公共服务设施；而在一些偏远的自然村，则根据实际需求设置小型的便民服务点或流动服务设施，通过定期服务的方式保障村民基本公共服务的获取。同时，政府要注重公共服务设施用地与居住用地、道路交通用地等的衔接，打造便捷、宜居的乡村生活环境。如规划建设连接村庄与公共服务设施的步行道、自行车道，方便村民出行；合理布局停车场等交通设施，满足村民及外来游客的停车需求。

第四，宅基地布局优化与乡村风貌塑造。宅基地是乡村建设用地的重要组成部分，在布局优化过程中具有独特的意义。依据《政策指南》，政府要加强对宅基地布局的规划管控，引导宅基地集中建设或有序改造。在一些新建宅基地规划区，可以采用统一规划设计、统一建筑风格的方式，打造具有地域特色和文化内涵的乡村住宅群落，以提升乡村的整体风貌形象。例如，在传统民居风格独特的地区，鼓励新建宅基地采用传统建筑元素和现代建筑技术相结合的设计方案，使新建筑与原有乡村风貌相协调。同时，对于闲置宅基地和空心村现象，政府要通过合理的规划整理，盘活土地资源。可以将闲置宅基地进行复垦或改造为乡村公共空间、小型绿地、文化广场等，改善乡村的居住环境和公共活动空间。

13. 规范土地经营权流转交易对乡村农民的重要意义是什么？为此我国构建了怎样的土地经营权流转交易法规体系？

规范土地经营权流转交易对乡村农民的重要意义在于保障农民的土地权益，促进土地资源的合理流动和优化配置，提高农业生产效率和农产品竞争力，加快农业现代化进程。这有助于激发农村土地要素的活力，增加农民的财产性收入，推动农村经济的多元化发展；同时也为农业规模化、集约化经营提供条件，从而促进农民增收和乡村振兴。

为了规范土地经营权流转交易，我国颁布了一系列指导性政策文件，这些文件共同构建了完善的法规体系，确保了流转交易的合法性、有序性和效益性。

《农村土地经营权流转管理办法》是我国土地流转管理的重要法规，自 2021 年 3 月 1 日起施行。该《办法》坚持农村土地农民集体所有、农户家庭承包经营的基本制度，要求流转应遵循依法、自愿、有偿原则，并明确规定流转不得改变承包土地的所有权性质及其农业用途，确保农地农用，优先用于粮食生产。该《办法》的实施，为农民提供了法律层面的保障，确保了他们在土地流转过程中的权益不受侵害，同时也为流转双方提供了明确的操作指引。

《农村土地经营权流转交易市场运行规范（试行）》是指导农村土地经营权流转交易市场运行的重要文件。该文件明确了流转交易市场的组织形式、运行机制和管理监督方式，规定了流转交易的程序和要求，包括信息发布、价格形成、合同签订等，为土地流转交易市场的规范运行提供了具体的指导和支持，有助于提高土地流转的透明度和效率，减少交易过程中的纠纷和风险，同时也为农民提供了更加公平、公正的交易环境。

《中华人民共和国农村土地承包法》作为土地流转的基本法律，确立了农村承包地"三权"分置框架，即集体所有权、农户承包权、土地经营权分置并行。该法律规范了农村土地经营权流转，赋予了土地经营权融资担保等权能，为土地流转提供了法律保障。这一法律的确立，使农民的土地经营权得到了进一步的明确和保护，为他们利用土地经营权进行融资、担保等经济活动提供了法律依据。

除此之外，我国还出台了《关于引导农村土地经营权有序流转发展农业适度规模经营的意见》，进一步明确了土地经营权流转的指导思想、基本原则和主要目标，强调了流转交易应尊重农民主体地位，保护农民权益，同时鼓励创新流转形式，发展多种形式的适度规模经营。这些政策的出台，为土地流转提供了更加灵活和多样化的选择，有助于满足不同地区、不同农民的需求。

在地方层面，各地区也根据实际情况，出台了一系列配套政策和实施细则。如《××省农村土地承包经营权流转管理办法》等，进一步细化了土地流转的具体操作流程和管理办法，确保了土地流转交易的规范性和有效性。这些地方性法规的制定，体现了我国对土地流转管理的重视，也展示了我国在推进土地流转方面的创新性和灵活性。

此外，为了提高土地流转的透明度和公信力，我国还建立了农村土地流转交易平台，通过信息化手段，为土地流转双方提供信息发布、交易撮合、合同备案等服务，促进了土地流转市场的健康发展。这些平台的建立，极大地方便了农民获取土地流转信息，提高了土地流转的效率和成功率。

在实践中，各地还积极探索土地流转风险防范机制，如建立土地流转风险保证金制度、流转合同纠纷调解仲裁机制等，有效防范和化解了土地流转中可能出现的风险和纠纷，保障了农民的合法权益。这些机制的建立，为土地流转提供了更加安全和稳定的环境，减少了农民在土地流转过程中的顾虑和担忧。

这些政策文件和措施的实施，为我国构建了一个较为完善的土地经营权流转交易法规体系，为土地流转提供了明确的法律指导和政策支持。依法推进土地经营权有序流转，有助于优化土地资源配置，促进农业现代化和农村经济发展；有助于保护农民的合法权益，维护农村社会的和谐稳定；有助于提升乡村农民的生活水平和经济收入，为乡村振兴战略的深入实施提供坚实的基础和保障。

14. 农业产业化经营是什么？我国对农业产业化经营的核心要求是什么？

农业产业化经营是指将农业生产过程与市场机制相结合，通过产业链的延伸和价值链的提升，实现农业的标准化、规模化、市场化和品牌化，从而提高农业生产效率和农产品附加值的一种经营方式。农业产业化经营在我国的发展中受到了高度重视，为了推动农业产业升级和乡村振兴，我国颁布了一系列指导性政策文件。这些文件共同构成了农业产业化经营的法规体系，为农业全产业链的培育和发展提供了明确的指导和支持。

首先，应重视农业全产业链的地位，聚焦规模化主导产业、建设标准化原料基地、发展精细化综合加工、搭建体系化物流网络等关键措施，旨在通过全产业链的协同发展，促进农业整体素质的跃升。例如，辽宁省沈阳市成立了全国首家农业产业链协会，打造农业产业链融合平台——"链易得"，精准指导农业产业链发展。这样的实践不仅能够提高当地农业的组织化程度，也能够为其他地区提供可借鉴的经验。

其次，要明确农业产业化龙头企业的发展目标，提高创新发展能力、融合发展能力，以龙头企业为引领，带动农业产业链的升级和转型。例如，重庆市实施农产品加工装备研发创新行动，支持重点加工企业开展现代化智能化装备改造更新。这样的措施有助于提升农产品加工的技术水平和市场竞争力，进而推动整个农业产业链的现代化进程。

　　另外，还应加快构建高效、便捷、安全的农产品流通网络，推动农产品产销对接和产业升级。这一措施将有力地促进农业产业的现代化和市场化。例如，河南省通过农业产业化联合体，推动企业经营、合作经营、家庭经营的协同发展，提升农业产业链的整体竞争力。这样的模式有效地整合了各类经营主体的优势资源，提高了农业的综合效益。

　　不仅如此，还要明确引领农业和乡村产业转型升级的目标，致力于打造农业产业化升级版。要强调推动农业与现代产业要素的交叉重组，通过技术创新、模式创新等手段，推动乡村产业向高端化、绿色化、智能化方向发展。这不仅能够提升农业的科技含量和生产效率，还能够增强农业的可持续发展能力，为农业的长远发展奠定坚实基础。

　　再者，通过培育农业全产业链、支持龙头企业发展、建设现代市场体系等措施，各地政府应为农业产业化经营提供有力的政策保障和指导，从而增加农民收入、推动农业现代化、促进乡村振兴。

　　此外，在推动农业产业化经营的过程中，各地政府还应注重农业多功能性的发挥，如生态保护、文化传承、休闲旅游等。这些功能的发挥不仅能够增加农业的附加值，还能够促进农村地区的全面发展。例如，发展休闲农业和乡村旅游，可以吸引城市居民到农村旅游消费，增加农民的非农收入，同时也有助于保护农村的生态环境和传统文化。

　　最后，农业产业化经营还需要与农村土地制度改革相结合，通过土地流转、股份合作等方式，促进土地资源的合理配置和高效利用，为农业产业化经营提供土地保障。同时，还需要加强农业社会化服务体系建设，为农民提供技术指导、市场信息、金融服务等支持，帮助他们更好地参与农业产业化经营。

这些综合措施的实施，可以有效地提升农业产业化经营的水平，实现农业的可持续发展，增加农民收入，促进乡村振兴。这有助于实现农业现代化，还能够促进农村社会经济的全面发展，为构建和谐社会和实现可持续发展目标做出积极贡献。

15. 农业产业化经营在全国范围内的典型案例有哪些？

农业产业化经营的成功实践体现为将实际与政策相结合的典型案例，这些案例不仅推动了当地农业产业的快速发展，也对其他地方政府具有宝贵的借鉴意义。

九江礼涞生物科技有限公司的故事表明，通过"互联网+电商"的模式，可以将一、二、三产业深度融合，形成完整的农业产业链。该公司以生物技术研发为核心，结合农产品加工和电商销售，探索出"农业龙头企业+养殖基地+专业合作社+农户"的发展模式，不仅提升了农产品附加值，也为周边农户提供了就业和创业机会。这种产业链整合和创新模式值得其他地方政府学习和借鉴，不仅能够增强企业的市场竞争力，也能够促进当地农业产业的升级，为农业产业化提供新的发展思路。

北京德青源农业科技股份有限公司的案例展示了如何通过整合资源、创新融资方式，实现产业发展与农民增收的良性互动。该公司以蛋鸡产业为基础，通过"三权分置"的合作共赢模式，整合财政资金，设立平台公司，开展租赁经营，带动了农民就业和增收。这种模式有效地将企业发展与农民利益结合起来，通过创新的合作方式，实现了农业产业的可持续发展和农民的稳定增收。

山东省寿光市作为"中国蔬菜之乡"，其农业产业化经营模式也颇具特色。寿光市依托当地蔬菜产业优势，通过建立蔬菜生产基地、发展蔬菜深加工、打造蔬菜品牌等措施，形成了完整的蔬菜产业链。同时，寿光市还大力发展设施农业，推广现代农业技术，提高了蔬菜产业的科技含量和市场竞争力。

陕西省洛川县通过实施品牌战略，打造了"洛川苹果"这一地理标志产品，提升了苹果的市场知名度和附加值。同时，洛川县还积极发展苹果深加工产业，如苹果醋、苹果脆片等，延伸了苹果产业链，增加了农民收入。

浙江省丽水市则通过发展生态农业和乡村旅游，推动了农业产业化经营。丽水市依托其优美的生态环境和丰富的农业资源，发展了以绿色、生态为主题的休闲农业和乡村旅游，吸引了大量游客，促进了当地农业和旅游业的发展，提高了农民的收入水平。

这些典型案例体现了农业产业化经营在不同地区、不同产业的具体实践，展示了政策引导和市场机制在促进农业产业链延伸和价值提升中的重要作用。其他地方政府可以从中学习如何根据本地实际制定适宜的农业产业化政策，激发市场活力，促进农民与现代农业发展的有机衔接。这些案例的成功经验，为其他地区提供了可复制、可推广的模式，有助于推动全国范围内农业产业化经营的深入发展。

在推动农业产业化经营的过程中，各地政府还需要注重农业产业的可持续发展，保护农业生态环境，实现经济效益与生态效益的双赢。同时，各地政府还需要加强农业科技创新，提高农业产业的科技含量，增强农业产业的竞争力。此外，政府还需要完善农业服务体系，为农民提供技术、信息、金融等方面的支持，帮助他们更好地参与农业产业化经营。

这些综合措施的实施，可以有效地提升农业产业化经营的水平，实现农业的可持续发展，增加农民收入，促进乡村振兴。这不仅有助于实现农业现代化，还能够促进农村社会经济的全面发展，为构建和谐社会和实现可持续发展目标做出积极贡献。

16. 在农村增收减负中，产业兴农、质量兴农、绿色兴农的原则的意义是什么？主要内容是什么？

在农村增收减负的进程中，产业兴农、质量兴农、绿色兴农三大原则构成了推动农业转型升级、提升农民收入与生活质量、促进农村可持续发展的核心框架。这三大原则不仅意义深远，而且内容丰富。

第一，产业兴农旨在通过优化农业产业结构，培育新兴产业，提升农业产业链的整体效能，从而增强农业的市场竞争力和自我发展能力，为农民增收开辟新途径。例如，北京德青源模式通过整合财政资金和政策性金融，实施"三权分置"，形成产业发展带动农民就业增收的良性互动格局。它包含以下三方面内容。

一是优化农业结构。鼓励发展特色农业和优势农产品，形成具有区域特色的主导产业和产业集群。

二是促进产业融合。推动农村一、二、三产业的深度融合，通过加工、流通、旅游等环节的延伸，提升农业附加值。

三是创新体制机制。如北京德青源模式所示，要通过政策引导、金融支持等手段，促进农业产业创新升级，形成产业发展与农民增收的双赢局面。

第二，质量兴农强调提升农产品品质和食品安全水平，满足消费者对高质量农产品的需求，增强农产品的市场竞争力，为农民增收提供有力保障。例如，天津市武清区通过构建绿色种养循环体系，协同推进农业稳产高产与生态环境保护，实施标准化生产。它包含以下三方面内容。

一是实施标准化生产。建立健全农产品生产标准体系，推广先进生产技术和管理模式，确保农产品质量稳定可靠。

二是加强质量安全监管。完善农产品质量安全监管体系，加大检测力度，确保农产品从生产到消费的全过程安全。

三是构建绿色种养循环体系。如天津市武清区所实践的，要通过绿色生产方式，提高农产品品质，同时保护生态环境。

第三，绿色兴农是践行绿色发展理念、推进生态文明建设在农业领域的具体体现，旨在实现农业发展与生态环境保护的和谐统一，为农业可持续发展奠定坚实基础。例如，河北省黄骅市突出生态改良和产业带动，打造盐碱地上的"绿色粮仓"。山西省长治市沁县强化科技支撑，拓宽沁州黄小米稳产高产道路，推动绿色发展。内蒙古自治区敖汉旗集成绿色高产轻简技术有效提升敖汉小米产业的绿色发展。它包含以下三方面内容。

一是推广绿色生产技术。如节水灌溉、有机肥料使用、病虫害绿色防控等，从而减少农业生产对环境的负面影响。

二是加强农业生态保护。实施生态修复工程，保护农业生物多样性，提升农业生态系统的稳定性和服务功能。

三是发展循环农业和生态农业。推动农业废弃物资源化利用，构建农业循环经济体系，实现资源的高效利用和循环利用。

产业兴农、质量兴农、绿色兴农三大原则相互关联、相互促进，共同构成了农村增收减负、农业转型升级、农村可持续发展的重要路径，有助于实现农业增效、农民增收、农村繁荣的美好愿景。

17. 我国针对乡村中小微企业稳岗出台了哪些政策？

为助力乡村中小微企业稳定就业岗位，我国政府积极施策，推出了一系列扶持政策，旨在减轻企业负担、促进就业稳定与提升。这些政策的出台，对于乡村中小微企业来说，无疑是一场及时雨，能够有效帮助企业渡过难关，保持就业市场的稳定。其中，核心政策包括但不限于由人力资源社会保障部、财政部、国家税务总局联合发布的《关于延续实施失业保险援企稳岗政策的通知》（人社部发〔2024〕40 号），具体政策亮点如下。

第一，阶段性降费率政策。为切实缓解企业经济压力，政府决定继续实施阶段性降低失业保险费率的政策，将费率下调至 1%，并明确该政策延长执行至 2025 年年底，以此为企业减负增效。这一政策的延续，让企业能够将更多的资金用于生产和研发，同时也减轻了员工的社保负担，提高了员工的工作积极性和企业的凝聚力。

第二，失业保险稳岗返还政策。政策特别加大对中小微企业的支持力度，将稳岗返还比例提高至其上年度实际缴纳失业保险费的60%。这一政策旨在鼓励企业保留岗位，返还资金可用于员工生活补助、社会保险费缴纳、技能培训等，有效稳定了乡村中小微企业的就业岗位。例如，浙江省等地已明确具体执行细则，包括申请条件、裁员率计算方法及返还标准等，确保政策精准落地，让更多符合条件的企业能够享受到政策的红利。

第三，技能提升补贴政策。为提升职工技能水平，增强企业竞争力，政策规定对取得相关职业资格证书或技能等级证书的职工给予补贴，且每人每年最多可享受三次补贴，以此激励员工自我提升，促进企业与员工的共同发展。这一政策的实施，不仅提升了员工的技能水平，也为企业的长远发展储备了人才，提高了企业的市场竞争力。

第四，保障失业人员基本生活。在保障企业稳定发展的同时，政府也高度重视失业人员的基本生活保障，确保失业保险金、代缴基本医疗保险费等各项待遇按时足额发放，切实兜住民生底线。这一措施体现了政府对失业人员的关怀，保障了他们在失业期间的基本生活，也有助于维护社会的和谐稳定。

第五，优化经办服务。为提升政策执行效率，多地推广"免申即享"服务模式，通过大数据比对直接确定符合条件的企业并主动发放稳岗返还资金，同时以短信等形式及时通知企业，极大地简化了办事流程，扩大了政策覆盖面，提升了群众满意度。例如，辽宁省税务局已将多项优惠政策纳入"免申即享"清单，成功为众多涉农企业实现了税费优惠，有效激发了乡村经济活力。这种服务模式的优化，让企业能够更加便捷地享受到政策的支持，提高了政策的实效性。

除了上述政策外，我国还出台了其他一系列支持乡村中小微企业的政策措施，如税收减免、财政补贴、金融支持等。这些政策的实施，为乡村中小微企业的发展提供了有力的支持。同时，政府还鼓励乡村中小微企业进行技术创新和产业升级，通过提供技术指导、市场信息服务等，帮助企业提高产品质量和市场竞争力。

综上所述，我国针对乡村中小微企业稳岗出台的政策措施全面而细致，既体现了政府对企业发展的关心与支持，也彰显了保障民生、促进就业的决心与行动。通过这些政策的实施，乡村中小微企业的发展环境得到了进一步的优化，企业的稳定性和竞争力得到了提升，为乡村经济的全面发展奠定了坚实的基础。未来，随着政策的不断深化和完善，乡村中小微企业必将迎来更加广阔的发展空间，为实现乡村全面振兴贡献更大的力量。

18. 乡村中小微企业申请稳岗政策的条件有哪些？

乡村中小微企业申请稳岗政策需要满足一定的条件。参考相关文件，整理出以下申请稳岗政策的关键条件。

第一，申请条件。一是参保企业需足额缴纳失业保险费 12 个月以上。这意味着企业必须持续稳定地为员工缴纳失业保险，要显示企业的稳定性和对员工权益的保障。二是参保企业上年度未裁员或裁员率不高于上年度全国城镇调查失业率控制目标。这一条件确保了企业在申请稳岗政策时，已经展现出对员工就业稳定性的维护。三是对于30人（含）以下的参保企业，裁员率不高于参保职工总数的20%。这一规定为小微企业提供了更为宽松的条件，以支持其在面临经营困难时仍能保持员工队伍的稳定。

要特别提醒的是："僵尸企业"、严重失信企业、不符合国家及所在区域产业结构调整政策和环保政策的企业不得享受稳岗返还政策。这确保了稳岗政策能够精准帮助那些有发展潜力、经营规范、符合国家产业政策的企业。例如，广东省高级人民法院提审审结增城市医药总公司破产清算案，一揽子出清了36家"僵尸企业"。这些企业在破产清算过程中对职工债权、税收债权等全额优先支付，但作为"僵尸企业"，它们不得享受稳岗返还政策。

第二，政策覆盖对象。政策不仅适用于企业，还适用于社会团体、基金会、社会服务机构、律师事务所、会计师事务所、以单位形式参保的个体工商户等。这表明政策的覆盖面广泛，旨在为多种类型的组织提供支持，以稳定就业市场。

第三，返还标准。大型企业按本企业及其职工上年度实际缴纳失业保险费的30%返还；中小微企业以及社会团体、基金会、社会服务机构、律师事务所、会计师事务所、以单位形式参保的个体工商户按60%返还。这一差异化的返还标准体现了政策对中小微企业的倾斜支持，从而帮助它们更好地应对经济压力。

第四，资金用途。稳岗返还资金可用于职工生活补助、社会保险费缴纳、转岗培训、技能提升培训等，以稳定就业岗位并降低生产经营成本支出。这为企业提供了一系列资金使用选项，使其能够根据自身需要灵活运用返还资金。

第五，执行期限。明确的稳岗政策执行期限能够为企业提供一个明确的时间框架，以使企业规划和申请稳岗政策。

第六，其他要求。申请企业需制度健全、管理运行规范，且企业无失信惩戒行为，无严重违法失信。这些要求强调了企业合规经营的重要性，确保政策资源流向那些管理规范、信誉良好的企业。

也有部分地方政府对申报进行了简化。例如，黑龙江省齐齐哈尔市取消中小微企业申报环节，通过系统数据比对，向 985 家企业发放返还资金 6 271 万元，稳定就业岗位 12.6 万个。这种简化流程的做法，不仅提高了政策执行的效率，也减轻了企业的申报负担。

总结来说，在大部分地区，足额缴纳失业保险费 12 个月以上，上年度未裁员或裁员率不高于控制目标，且满足其他条件的企业和特定组织可以申请稳岗政策。稳岗政策的实施，不仅有助于企业稳定员工队伍、降低失业率，也有助于维护社会稳定和促进经济发展。稳岗政策旨在支持企业稳定岗位，兜住、兜准、兜牢民生底线，同时也有助于满足失业人员的基本生活保障。企业在申请稳岗政策时，应咨询当地人力资源和社会保障部门，了解具体的申请条件和流程，确保政策能够发挥最大的效用。

19. 乡村中小微企业申请稳岗政策具体需要准备哪些材料？

乡村中小微企业申请稳岗政策需要准备的材料主要包括以下四个方面。

1. 企业基本资料

（1）企业稳岗补贴申请表

需详细填写企业基本信息、申请补贴的具体金额及用途等。这份表格是申请过程的核心，它不仅展示了企业对资金的需求，也体现了企业对资金使用的规划。

（2）营业执照副本复印件

营业执照是企业合法运营的前提，其复印件是申请过程中不可或缺的部分。

（3）组织机构代码证副本复印件（如有）

部分地区可能需要提供，用于证明企业的组织机构信息。组织机构代码证是企业身份的重要标识，有助于政府机构了解企业的组织结构。

（4）社会保险登记证副本复印件

社会保险登记证证明企业已参加社会保险并按时缴纳社会保险，证明了企业对员工的社会保障责任，是企业履行社会责任的体现。

2. 经营与裁员情况资料

（1）上年度企业减少人员情况表

需详细列出上年度企业裁员或员工减少的具体情况，包括人数、时间、原因等。这份资料是评估企业裁员情况的重要依据，对于确定企业是否符合稳岗政策条件至关重要。

（2）工资表及缴纳社会保险费清单

该资料证明企业上年度已足额支付员工工资并按时缴纳社会保险费。这些资料证明了企业对员工的薪酬和福利承诺，是企业稳定就业岗位的直接证据。

3. 其他相关证明材料

（1）政策文件、批文等

如当地政府或相关部门发布的稳岗政策文件、批准文件等，用于证明企业符合申请稳岗政策条件。这些文件为企业申请提供了政策依据，是申请合法性的重要保障。

（2）企业承诺书

该承诺书承诺企业所提交的材料真实、准确、完整，并承诺按照政策规定使用稳岗补贴资金。企业承诺书是企业对政策执行的承诺，也是对政府信任的体现。

4. 注意事项

（1）政策解读

企业需要仔细了解当地稳岗政策的具体规定和要求，确保申请符合政策要求。对政策的准确理解是成功申请的前提，企业应投入时间仔细研究相关政策。

（2）材料准备

企业需要按照政策要求准备相关材料，并确保材料的完整性和真实性。材料的完整性和真实性直接影响申请的成功率，企业必须予以高度重视。

（3）提交时间

企业需要在政策规定的申请时间内提交申请材料，逾期将无法申请。遵守申请时间规定是企业必须遵守的基本规则，错过时间可能意味着错过政策支持的机会。

在准备材料的过程中，企业还应注意及时关注政策变动，因为不同年份或不同地区的政策细节可能有所不同。此外，企业在准备材料时，可以寻求专业机构的帮助，以提高申请的成功率。

为了提高申请效率，企业可以利用在线平台或电子政务系统提交申请材料，这样可以减少纸质材料的使用，同时也便于政府部门快速处理申请。

此外，企业在申请过程中应保持与当地人力资源和社会保障局相关部门的沟通，及时获取反馈信息，必要时进行材料的补充或更正。

以上信息仅供参考，具体申请材料和流程可能因地区和政策的不同而有所不同。因此，在申请前，企业应仔细阅读当地发布的稳岗政策文件，并咨询相关部门了解具体要求和流程。企业在申请过程中应保持积极主动的态度，充分利用政策资源，以实现企业的稳定发展，保障员工就业。

二　平安乐居篇

20. 农村平安乐居包括哪些核心内容？

农村平安乐居是一个全面的概念，它涉及农村居民生活的多个方面，包括基础设施、公共服务、乡村治理、环境美化、安全保障和文化建设等。

第一，基础设施的完善。道路、供水、供电和通信等基础设施是农村平安乐居的基础。这些设施的完善确保了农村居民的基本生活需求得到满足，为农村的经济发展和社会进步提供了保障。例如，浙江省嘉兴市海盐县推进城乡基础设施一体化，实施了农村公路等级提升、农村危桥改造、供水管网新建与改造等项目，实现了城乡公交、城乡供水、污水处理等一体化，强化了城乡生态共治，推动了"五水共治""五气共治"，提升了农村基础设施水平，促进了城乡一体化发展。

第二，公共服务体系的建设。教育、医疗等公共服务体系的完善，对于提高农村居民的生活质量和幸福感至关重要。通过提供优质的公共服务，可以缩小城乡差距，促进农村社会的全面进步。在教育方面，要加强农村学校的建设，提高教学质量，确保农村儿童能够享受到公平而优质的教育。在医疗方面，要改善农村医疗卫生条件，提供基本的医疗服务和健康教育，保障农村居民的健康。

第三，乡村治理机制的构建。有效的乡村治理机制是维护社会秩序和促进社区和谐的关键。通过实施积分制度和村规民约等机制，政府可以引导村民积极参与乡村治理，共同维护社区的安全和稳定。例如，广东省佛山市南海区通过实施积分制度，激励村民参与乡村治理。村民可以通过参与村庄清洁、志愿服务等活动获得积分，这些积分可以兑换生活用品或服务，从而提高了村民参与乡村公共事务的积极性。此外，南海区还通过村规民约，明确了村民的权利和义务，规范了村民的行为，促进了乡村的和谐稳定。

第四，环境美化。美化环境是改善村容村貌和村民生活环境的重要举措。通过对农村人居环境的整治，可以打造宜居、宜游的美丽乡村，提升农村居民的生活品质和幸福感。这包括农村垃圾处理、污水处理、绿化美化等。这些措施有助于改善农村的环境卫生状况，为村民提供一个干净、整洁、美丽的生活环境。

第五，安全保障。安全是农村平安乐居不可或缺的一部分。增强农村居民的安全意识，防范和减少盗抢、诈骗等违法犯罪行为，是保障居民生活安全的基础。同时，加强法律保护，正确运用法律手段，可以更好地保护农村居民的合法权益。例如，广东省惠州市实施的"一村一法律顾问"制度就是一个典型的例子。政府为每个村庄配备一名专业律师作为法律顾问，协助村委会制定和完善村规民约，提供法律咨询和援助，进行普法宣讲，帮助解决农村矛盾和纠纷，维护农民的合法权益。

第六，文化建设。文化建设在农村平安乐居中占有重要地位。丰富的农村文化生活可以提升农村居民的精神文化水平，增强社区的凝聚力和活力。文化建设还可以促进农村社会的和谐稳定，为农村的全面发展提供精神支撑。这包括建立农村文化中心、组织文化活动、保护和传承农村非物质文化遗产等。这些文化活动的开展，能够丰富农村居民的精神文化生活，提高他们的文化素养和生活质量。

综上所述，农村平安乐居的核心内容涵盖了基础设施、公共服务、乡村治理、环境美化、安全保障和文化建设等多个方面。这些内容相互关联，共同构成了农村居民幸福生活的坚实基础。通过全面推进这些方面的工作，可以有效提升农村居民的生活质量，实现农村的和谐稳定和可持续发展。未来，随着政策的不断深化和完善，农村平安乐居的内涵将更加丰富，农村居民的生活将更加幸福美满。

21. 在全国范围内，农村平安乐居有哪些具有借鉴意义的典型案例？

在全国范围内，农村平安乐居有可借鉴意义的典型案例有很多，它们在不同地区、不同条件下的成功实践，为其他地区提供了宝贵的经验和启示。

汕头模式通过"积分+"新模式，成功激发了社区活力，不仅改善了村民的生活环境，还促进了社区资源的可持续利用和社区参与度的提升。这一模式体现了技术创新在乡村治理中的重要作用。在汕头模式中，积分系统与居民的日常行为紧密相关，居民可以通过参与社区服务、遵守社区规定等行为获得积分，积分可以用于兑换社区内的服务或商品。这种正向激励机制有效地提高了居民的参与热情和社区的自治能力。

安仁模式以"轻介入·在地化"设计理念，将废弃酒坊转变为乡村公共空间，重塑了乡村风貌，探索了乡村振兴的新路径。这一模式不仅促进了文化与生态的循环再利用，也为乡村发展注入了新的活力。安仁模式强调对乡村原有文化和生态的保护与利用，通过设计改造，使得废弃的酒坊焕发新生，成为村民文化活动的场所。这种模式在保护乡村传统文化的同时，也为乡村带来了新的经济增长点。

宋家沟模式通过恢复公共空间的秩序和散点分布规划，创新了乡村空间布局，恢复了乡土文化自信，促进了新旧文化的融合。这一模式实现了文化资源的循环利用和社区凝聚力的提升，为乡村文化传承与发展提供了有益借鉴。宋家沟模式注重乡村公共空间的规划与设计，通过恢复和重建，使得乡村的公共空间成为村民交流、开展文化活动的重要场所，强化了乡村的文化特色和社区的凝聚力。

无锡模式在保留江南小院古朴典雅气息的同时，融入现代设计元素，创造出中性、纯粹的空间体验。改造后的建筑通过增加开放空间和现代设计，实现了传统与现代的循环融合，提升了老宅的活力。无锡模式在乡村建筑改造中，注重传统与现代的结合，既保留了乡村的传统文化特色，又满足了现代生活的需求，使得乡村建筑焕发了新的生命力。

湖南模式利用自然地形和古树环境，创造出宁静的世外桃源景象，通过保护和利用当地自然资源，实现了生态旅游和乡村发展的循环利用。这一模式为乡村生态旅游发展提供了新思路。湖南模式依托乡村的自然景观和生态资源，发展生态旅游，既保护了乡村的自然环境，又为乡村带来了经济效益，实现了乡村经济发展与环境保护的双赢。

吴江模式通过"三张榜单"制度，创新了乡村治理方式，激励农户参与环境整治，形成了政府、村民自治组织和农户共同推进的循环利用新模式。这一模式有效提升了农村人居环境整治的效率和效果。吴江模式通过建立激励机制，鼓励农户参与乡村环境整治，通过榜单的形式公示整治成果，形成了一种良性的竞争和激励机制，有效地提升了乡村环境整治的效果。

宁海模式通过构建"智能引擎"，打造农村生活垃圾分类新模式，出台了全国首个智能分类地方标准。这一模式通过积分反馈和项目奖励机制，保障了垃圾分类的可持续性，实现了垃圾的就地减量和循环利用。宁海模式利用智能化技术，推动农村生活垃圾分类，通过智能设备和积分奖励机制，提高了村民参与垃圾分类的积极性。这种模式在改善农村环境卫生的同时，也为垃圾的资源化利用提供了新途径。

南乐模式利用丹江水南水北调工程，探索建立城乡一体化供水机制，保障了农村饮水安全。通过城乡供水一体化，南乐实现了水资源的高效利用和循环共享，提高了农村饮水质量。南乐模式通过城乡一体化供水机制，不仅提升了农村的饮水安全水平，也实现了水资源的合理分配和高效利用，为农村饮水安全问题提供了有效的解决方案。

这些案例展示了中国农村在平安乐居建设中的多样化创新实践和循环利用理念，为乡村振兴和可持续发展提供了宝贵的经验和启示。这些典型案例的成功，不仅在于它们解决了具体的农村问题，更在于它们提供了一种可持续、可复制的发展模式，为其他地区的农村发展提供了借鉴和参考。

22. 农村平安乐居中的乡村治理机制是什么？有何重要意义？

　　农村平安乐居的乡村治理机制，是一个多维度、深层次的综合性体系，旨在促进乡村社会的全面进步与和谐共生。这一机制的核心在于构建一套集基层党建引领、村民自治有效、法治保障坚固、德治教化深厚、公共服务完善、环境整治有序、平安建设稳固、矛盾调处高效、信息化建设先进、监督机制健全、文化繁荣兴盛以及经济持续发展为一体的治理框架。

　　基层党建作为治理的"红色引擎"，强化党组织在乡村治理中的领导核心作用，确保各项政策与措施得以有效贯彻执行。例如，通过开展党员示范户、党员责任区等活动，激励党员在乡村治理中发挥先锋模范作用，带动村民共同参与乡村建设。村民自治则赋予村民更多参与权、决策权与监督权，激发乡村内生动力，形成共建共治共享的良好局面。例如，在广东省佛山市南海区，基层党组织通过构建"村到组、组到户、户到人"的三层党建网格，实施重要事权清单管理，推动党支部强基增能，要求党员亮身份、亮职责、亮承诺，充分发挥党员在乡村治理中的作用。

　　法治与德治双轮驱动，为乡村治理提供坚实的制度保障与道德支撑。法治建设强调依法行政、公正司法，强化村民的法治观念。通过开展"法律进村""法律明白人培养"等活动，提高村民的法律意识和法律素养，使村民能够依法维护自身权益。德治引领则通过弘扬传统美德、培育文明乡风，营造崇德向善的社会氛围；通过开办道德讲堂、评选文明家庭等活动，引导村民自觉践行社会主义核心价值观，促进乡村道德风尚的提升。

公共服务与环境整治的同步推进，不仅提升了村民的生活质量，也改善了乡村面貌，增强了村民的幸福感与归属感。例如，通过改善农村基础设施，如道路硬化、路灯安装、绿化美化等，提高农村的公共服务水平，同时通过农村环境整治，如垃圾处理、污水治理、卫生改厕等，改善农村人居环境。平安建设与矛盾纠纷调处机制的建立，则有效维护了乡村社会的和谐稳定，为经济发展创造了良好的社会环境。例如，浙江省宁波市宁海县实施了"智引擎"项目，打造了农村生活垃圾分类新模式。该项目通过智能化手段，实现了垃圾分类的"智分类、云回收、源处理、再利用"，并出台了全国首个农村生活垃圾智能分类地方标准，有效改善了农村人居环境。

信息化建设与监督机制的完善，进一步提升了乡村治理的智能化、精细化水平，保障了治理过程的公开透明与高效廉洁。通过建立乡村治理信息平台，实现了信息资源共享，提高了乡村治理的效率和质量。同时，通过建立健全监督机制，如村务公开、民主评议等，保障了村民的知情权、参与权和监督权。同时，乡村文化的挖掘与传承，以及集体经济的壮大，为乡村治理注入了新的活力与动力，推动了乡村的全面振兴与发展。例如，广西壮族自治区来宾市忻城县古蓬镇凌头村的数字乡村综合管理与服务平台项目就是一个典型实例。该项目通过构建一云多端数字乡村云平台，为乡镇政府、运营企业、当地村民提供智慧场景服务。

综上所述，农村平安乐居的乡村治理机制对于促进乡村社会和谐稳定、提升村民生活水平、推动农村经济社会发展具有重要意义。它不仅是乡村振兴战略的重要组成部分，也是实现农业农村现代化的关键路径。通过不断完善乡村治理机制，可以有效地解决乡村发展中的问题，为乡村的可持续发展提供坚实的保障。

23. 乡村治理机制中，基层党组织的建设起到了什么关键作用？

基层党组织在乡村治理机制中发挥着至关重要的作用，这些作用涵盖了领导核心、政治引领、组织动员、服务群众、推动发展、维护稳定、培养人才、监督执行、文化建设、法治建设以及示范带头等多个方面。

基层党组织作为乡村治理的领导核心，确保党的方针政策和决策部署在农村得到贯彻执行，为乡村治理提供了坚强政治保证。基层党组织的领导作用体现在能够将党和国家的政策转化为具体的行动计划，并监督这些计划的实施，确保乡村治理的方向与党和国家的要求保持一致。同时，它通过政治引领，确保乡村治理工作始终沿着正确的方向前进，符合社会主义核心价值观和国家法律法规的要求。

基层党组织在乡村治理中发挥着组织动员的作用，通过动员和组织党员干部与群众广泛参与乡村治理，充分发挥党组织的组织优势，提高治理效率。基层党组织通过组织各种形式的会议、培训和活动，提高村民对乡村治理的参与度和责任感，使乡村治理更加民主和有效。同时，其密切联系群众，了解群众需求，解决群众实际问题，不断提升群众的获得感、幸福感和安全感。例如，湖北省大冶市在党组织的领导下，以自然村湾为主体组建村庄党支部或党小组，建立村庄理事会，协助村民小组开展群众自治活动，建成村委会、村庄理事会、农户三级治理平台。

在推动乡村经济社会发展方面，基层党组织也发挥着关键作用。基层党组织通过领导和推动乡村产业发展、基础设施建设、公共服务改善等，为乡村全面振兴提供了有力支持。同时，在维护农村社会稳定方面，基层党组织也起到了维稳作用，及时处理和化解矛盾纠纷，确保农村社会的和谐稳定。基层党组织在乡村矛盾和纠纷的处理中，能够发挥调解和协调的作用，通过建立有效的沟通机制，促进不同利益群体之间的理解和合作。

此外，基层党组织还重视人才培养工作，发现和培养乡村治理人才，为乡村治理提供源源不断的人才支持。基层党组织通过建立人才培养机制，如设立乡村人才库、开展专业培训等，提高乡村治理人才的专业能力和服务水平。同时，它监督乡村治理中的各项政策和措施的执行情况，确保治理工作规范、有序、有效。基层党组织通过建立监督机制，如成立村民监督委员会、公开村务等，提高乡村治理的透明度和公信力。

在文化建设方面，基层党组织积极推动乡村文化建设，弘扬社会主义先进文化，丰富农村精神文化生活。基层党组织通过组织文化活动、建立文化设施、保护文化遗产等，提高乡村的文化软实力，增强村民的文化自信。在法治建设方面，它推进法治乡村建设，增强农村居民的法治意识，确保乡村治理在法治轨道上运行。例如，浙江省桐乡市通过实施"三治融合"的基层社会治理模式，即自治、法治、德治相结合，推动了乡村治理的有效实施。

基层党组织和党员在乡村治理中要发挥示范带头作用，以身作则，树立良好的形象和榜样。基层党组织和党员通过自己的实际行动，如带头遵守法律法规、带头参与公益活动、带头维护乡村秩序等，为村民树立了榜样，提高了乡村治理的道德标准。

总之，基层党组织通过发挥这些作用，成为推动乡村治理体系和治理能力现代化的重要力量，为实现乡村全面振兴提供了坚强保障。基层党组织的建设是乡村治理的基石，它的健康发展直接关系到乡村治理的效果和质量，因此，加强基层党组织的建设是实现乡村治理现代化的关键。

24. 乡村治理的具体措施主要有哪些内容？

乡村治理的具体措施涵盖了多个方面，旨在实现乡村社会的和谐稳定与可持续发展。加强基层党组织建设是乡村治理的基石，通过选优配强党组织领导班子和开展党员教育培训，确保党组织在乡村治理中的领导核心作用，提升党员的素质和能力。

推行村民自治是乡村治理的重要组成部分。完善村民委员会选举制度，落实村民会议和村民代表会议制度，增强村民自我管理、自我教育、自我服务的能力，促进乡村民主管理和民主监督。例如，广西壮族自治区河池市屏南乡合寨村被誉为"中国村民自治第一村"，该村自1980年成立中国第一个村民委员会以来，坚持"机构组成由群众说了算、重大事项由群众说了算、工作成效由群众说了算"的原则，不断深化村民自治，有效完善了乡村治理，推动了农村快速发展。

法治乡村建设是乡村治理的重要保障。要加强农村法治宣传教育，提高村民的法律意识和法治素养；规范农村行政执法，提高依法行政水平，确保乡村治理在法治轨道上运行。

在德治文化引领方面，要弘扬社会主义核心价值观，制定和执行村规民约，促进乡村文明，形成良好的社会风尚。同时，要提升公共服务水平，改善农村基础设施，如道路、供水、供电等，提升农村教育、医疗、养老等公共服务水平，满足村民的基本生活需求。例如，浙江省宁波市宁海县以实施"千万工程"为契机，探索形成了"智分类、云回收、源处理、再利用"的农村生活垃圾分类处理新模式。通过出台全国首个农村生活垃圾智能分类地方标准，构建便捷高效的云平台，该县实现了垃圾的即时监督和清运，有效降低了环卫成本。

环境整治与生态保护也是乡村治理的重要内容。要进行农村人居环境整治，推进垃圾分类和污水处理，从而保护乡村生态环境，提升村民的居住环境质量。

平安乡村建设是乡村治理的重要目标之一。要加强农村社会治安管理，建立健全农村公共安全体系，确保乡村社会的和谐稳定。同时，建立矛盾纠纷调解机制，及时化解村民间的矛盾和纠纷，维护乡村社会的和谐稳定。例如，湖南省衡阳市通过深化"平安乡村"建设，助力乡村振兴。该市政府相关部门负责人提出，要推进"平安乡村"建设，需要落实风险精准防控，加强驻村辅警力量，夯实乡村治安基础，并创新社会治理模式。

信息化建设是提升乡村治理效能的重要手段。要利用互联网、大数据等现代信息技术提升乡村治理智能化水平，建立乡村治理信息平台，提高治理效率。

此外，乡村治理还需要建立健全监督与问责机制，确保各项政策和措施得到有效执行。同时，加强经济发展与产业扶持，发展特色农业，提高农产品附加值，支持农民合作社和家庭农场发展，增加农民收入。例如，浙江省宁波市象山县通过构建"说、议、办、评"制度体系，有效提升了乡村治理水平。

在人才培养与引进方面，要培养乡村治理人才和专业技术人员，吸引外出人员回乡创业，为乡村治理提供人才支持。同时，开展文化活动与精神文明建设，丰富农村文化生活，提升村民的精神文明水平。例如，河北省承德市隆化县七家镇西道村通过实施一系列措施，成功地推动了乡村治理和文化建设。该村以草莓产业为依托，打造了以草莓元素为主题的文化 IP，并通过全域、全产业链体系规划，使得原本贫困的小山村焕发了新的活力。

乡村治理还需要关注土地管理与宅基地改革，规范农村土地使用，保护耕地，推进宅基地制度改革，合理利用土地资源。同时，加强农村基础设施和公共服务设施建设，如农村文化中心、体育设施、医疗点等，提升乡村的整体发展水平。

这些措施需要根据具体情况进行调整和优化，以适应不同乡村的实际情况和需求，推动乡村治理体系和治理能力现代化，实现乡村全面振兴。

25. 在全国范围内，对乡村治理措施有借鉴意义的典型案例有哪些？

乡村治理是一个系统工程，涵盖了经济、社会、文化、生态等多个维度。为了将治理措施有效落实到每个方面，各地通过具体实践和案例探索出了一系列成功经验。

在基层党组织建设方面，江苏省苏州市吴江区通过"三张榜单"等创新形式，强化了基层党组织的领导作用和党员的先锋模范作用，为乡村治理提供了坚强的组织保障。"三张榜单"包括党员示范榜、村民自治榜、乡村文明榜，通过公开评比，激励党员和村民积极参与乡村治理，形成良好的竞争和激励机制。

在村民自治方面，浙江省桐乡市推行"一约两会三团"模式，有效提升了村民自治水平，让村民在乡村治理中发挥更大作用。广东省惠州市在"一村一法律顾问"制度下，为每个村配备了专业律师，加强了农村法治建设，为乡村治理提供了法律支持。"一约"指的是村规民约，"两会"指的是村民议事会和村民监事会，"三团"指的是乡贤参事团、法律服务团、文化传承团。这一模式通过多种形式的组织和活动，增强了村民的自治意识和能力。

在德治文化引领方面，宁夏回族自治区吴忠市红寺堡区通过村民代表会议制度，强化了德治在乡村治理中的引领作用，促进了乡村文明进步。村民代表会议成为村民参与乡村公共事务决策的重要平台，通过这一平台，村民能够就乡村发展、文化建设等议题发表意见，增强了村民的责任感和归属感。

在提升公共服务和环境整治方面，各地通过建设村卫生室、文化活动中心等公共服务设施，改善了农村人居环境，提高了村民生活质量。例如，浙江省宁波市象山县的"村民说事"制度动员村民参与环境保护，有效改善了村庄环境。"村民说事"制度鼓励村民就村庄环境问题提出意见和建议，通过村民的积极参与，村庄环境整治的效率和效果有所提高。

在平安乡村建设方面，江西省鹰潭市余江区通过建立村级警务室、智慧农村警务等方式，增强了农村社会治安防控能力。同时，湖北省宜昌市秭归县通过"幸福村落"村民自治形式，有效调解了矛盾纠纷，维护了乡村和谐稳定。"幸福村落"村民自治形式通过村民自我管理、自我服务、自我教育、自我监督，实现了乡村治理的民主化和法治化。

在信息化建设方面，政府可以通过建立"智慧村庄"综合管理服务平台等，提高乡村治理的效率和透明度。监督与问责机制的建立，如建立村务监督委员会和村民微信群等，确保了村务的公开透明和有效监督。"智慧村庄"综合管理服务平台集成了村务管理、便民服务、信息发布等功能，为村民提供了便捷的服务，同时也提高了乡村治理的现代化水平。

在经济发展与产业扶持方面，各地各地通过发展特色农业、乡村旅游等产业，促进了乡村经济发展。例如，福建省泉州市洛江区罗溪镇的乡村振兴样板区项目就是一个成功案例。罗溪镇通过整合当地资源，发展特色农业和乡村旅游，不仅提高了当地居民的收入，也提升了乡村的整体形象和吸引力。

在人才培养与引进方面，可以建立人才库和培训机制，如湖北省大冶市的"321"基层治理模式，就培养和吸引了乡村治理人才。"321"基层治理模式即"三级联动、双向培养、一线服务"，通过这一模式，大冶市加强了乡村人才队伍建设，提高了乡村治理的专业化和精准化水平。同时，文化活动的开展与精神文明的建设也丰富了农村文化生活，如罗溪镇的"一花五叶"乡村振兴项目。

此外，土地管理与宅基地改革、基础设施建设、公共服务设施建设以及社会救助等方面的工作也都在不断推进中，为乡村的全面发展和长治久安奠定了坚实基础。这些具体措施和案例充分展示了乡村治理的复杂性和系统性，也为我们提供了宝贵的经验借鉴。通过这些措施和案例的实施，乡村治理不仅在理论上得到了丰富和完善，而且在实践中也取得了显著的成效，为其他地区的乡村治理提供了可复制、可推广的经验。

26. 乡村治理成效的评估标准有哪些？

对乡村治理的成效评估是一个多维度、综合性的评价过程，旨在全面考量乡村在经济、政治、社会、文化和生态等多个方面的发展情况。经济发展指标是衡量乡村治理成效的重要一环，这包括农村生产总值增长率、农业现代化进程、农民收入增长率以及农村产业结构的优化等，直接反映乡村治理在促进经济增长方面的效果。

基层民主政治建设是乡村治理不可或缺的部分，其评估涉及村民自治和村级直选的实践情况，以及社会组织在民主参与中的活跃度。广西壮族自治区河池市宜州区屏南乡合寨村被誉为"中国村民自治第一村"，合寨村持续深化村民自治实践，不断完善乡村治理，推动农村加快发展。该村通过民主选举、民主决策、民主管理、民主监督，实现了村民自治的广泛实践。

社会安全与秩序的稳定是乡村治理的基础，评估内容涵盖社会治安维护、安全生产管理以及食品药品安全防控等方面。村民上访率、干群关系紧张度以及矛盾纠纷处理的及时与否等，都是反映乡村治理在社会安全与秩序方面表现的重要指标。例如，浙江省桐乡市乌镇的"乌镇管家"云治理模式，利用数字化手段赋能乡村治理，提高了治理效率和响应速度。

公共服务水平的提升是乡村治理的重要目标之一，评估涉及基础设施建设、公共卫生、社会保障和教育文化等多个方面。水、电、路、通信网络的建设与维护，以及农村医疗卫生、社会保障体系的完善，都是衡量乡村治理在公共服务方面成效的关键点。例如，河南省信阳市新县箭厂河乡戴畈村建立"三留守"服务中心，为留守老人、妇女和儿童提供帮助和关怀。

生态环境保护是乡村治理的又一重要方面，其评估包括村庄绿化、垃圾处理、污水治理以及生态农业的发展等。这些指标直接反映了乡村治理在生态环境保护和绿色发展方面的努力和成效。例如，山东省威海市乳山市坚持"三链"协同网格管理，筑牢食品安全"绿色防线"，推行三级循环模式，实现农业废弃物"四化"利用。

　　文化建设是乡村治理中不可或缺的一环，评估涉及乡村文化传承、公共文化服务和精神文明建设等方面。文化活动的开展情况、文化设施的建设和使用率等，都是衡量乡村治理在文化建设方面成效的重要指标。如宁夏回族自治区的"一村一年一事"行动、山西省晋中市的"六抓六治"等。

　　此外，居民满意度、政策执行与创新能力、法治建设以及信息公开与透明度等方面，也是评估乡村治理成效的重要维度。通过问卷调查、访谈等方式收集村民的满意度数据，各地可以直观了解乡村治理在各方面的实际效果；政策执行与创新能力则反映了乡村治理在应对挑战和推动发展方面的能力；法治建设和信息公开与透明度则体现了乡村治理的规范性和透明度。

　　综上所述，乡村治理的成效评估是一个全面、系统的过程，需要综合考量经济、政治、社会、文化和生态等多个方面的指标。通过构建一个全面的评估体系，政府可以客观评价乡村治理的整体效能，为进一步优化乡村治理提供科学依据。

27. 乡村治理的最终目标是什么？

　　乡村治理的最终目标聚焦于实现乡村的全面振兴和可持续发展。

　　经济发展是乡村治理的核心目标之一。通过提升农村经济活力、实现产业多样化等举措，增加农民收入，努力缩小城乡差距，为乡村的可持续发展奠定坚实的经济基础。例如，广东省佛山市南海区的实践就是一个典型。南海区通过构建"村到组、组到户、户到人"的三层党建网格，实施重要事权清单管理，推动党支部强基增能，要求党员亮身份、亮职责、亮承诺，充分发挥党员在乡村治理中的作用。

社会和谐是乡村治理的重要追求。要构建和谐社会关系，提高村民的幸福感和安全感，减少社会矛盾和冲突，确保乡村社会的稳定与和谐。例如，四川省眉山市丹棱县万年村的实践就是一个典型。该村通过试点运行"道德超市"，将村民的日常行为和道德表现转化为积分，激励村民积极参与乡村治理。这些积分可以兑换商品，涵盖了村民日常生产、生活的方方面面，从而帮助村民养成良好的卫生习惯并提高道德修养，实现了乡风民风美起来的目标。

在民主法治方面，乡村治理致力于加强基层民主建设，实现村民自治，充分保障村民的知情权、参与权、表达权和监督权，推动乡村治理的民主化进程。

乡村治理还注重完善公共服务体系，如提供优质的教育、医疗、文化等服务，满足村民的基本需求，提升乡村公共服务水平。

生态宜居是乡村治理的又一重要目标。通过保护和改善乡村生态环境，实现绿色发展，建设美丽乡村，为村民创造一个宜居宜业的生活环境。

文化繁荣是乡村治理不可或缺的一部分。传承和发展乡村文化，提高村民文化素质，增强乡村文化的吸引力和影响力，为乡村的可持续发展提供精神支撑。

为实现这些目标，乡村治理需要建立有效的治理机制，提高治理效率和透明度，实现乡村治理现代化。同时，鼓励和引导村民积极参与乡村治理，形成共建共治共享的治理格局，增强村民对乡村治理的信任感。

此外，乡村治理还应注重科技创新，推动科技在乡村治理中的应用，以提高农业生产效率和管理水平。同时，促进城乡资源、人才、技术等要素的交流与融合，实现城乡协调发展。例如，陕西省安康市汉阴县通过建立"三线"联系机制，即党员联系群众、人大代表联系选民、中心户长联系居民，强调管理网格化、服务精细化，建设村党组织、村民代表大会、村委会、村监委会、村级经济组织、社会组织"六位一体"的治理平台，密切了党群干群关系，创新了基层工作的有效载体。

综上所述，乡村治理的最终目标是通过综合施策，实现乡村的经济繁荣、社会进步、民主法治、生态优美、文化兴盛、治理高效、科技创新，让乡村成为村民安居乐业的美好家园，为实现中华民族伟大复兴的中国梦奠定坚实基础。

28. 农村平安乐居中的安全保障主要是指什么？

农村平安乐居中的安全保障是一个综合性的概念，不仅包括了传统的人身和财产安全，还涵盖了食品安全、住房安全、生产安全、交通安全、环境安全、公共卫生安全、信息安全、社会稳定、应急救援、法治保障等多个方面。

人身安全是农村居民最基本的需求之一，它要求社区环境能够保护居民免受犯罪和暴力的威胁。这通常涉及加强社区警务工作、提高公共安全意识和增加防范措施。例如，可以通过定期的社区安全巡查、安装监控摄像头、开展安全教育活动等方式，提高居民的安全防范意识，减少犯罪事件的发生。

财产安全同样重要，它确保农村居民的财产不受非法侵害，包括盗窃、诈骗等。这需要通过法律保护、社区监控和居民自我防范意识的提高来实现。为了加强财产安全，各地政府可以开展法律知识讲座，教会农村居民如何识别和防范诈骗行为，同时提供法律援助，帮助受害居民追回损失。

食品安全直接关系到农村居民的健康，因此需要通过严格的监管措施来确保食品从生产到消费的每一个环节都是安全的。这包括对农产品的检测、对食品加工和销售点的监督等。各地政府可以通过建立食品安全追溯体系，确保食品来源可查、去向可追，一旦发生食品安全问题，能够迅速定位并采取措施。

住房安全是农村居民安居的基础，这要求住房结实稳固，能够抵御自然灾害。这通常需要通过住房检查、维修和改造来实现。对于老旧房屋要进行定期的安全检查，发现问题及时维修加固；对于自然灾害频发地区的房屋，要采取加固措施提高其抗灾能力。

生产安全在农业生产和乡村企业中至关重要，它要求工作场所遵守安全规范，以减少事故发生的风险。这包括提供安全培训、改善工作条件和实施安全监管等。各地政府可以通过定期组织安全生产培训，提高农民和企业员工的安全意识和操作技能，同时加强农业生产和企业生产过程中的安全监管，确保生产安全。

交通安全是农村地区特别关注的问题，因为农村道路条件可能较差，交通监管力度可能较弱。改善农村道路环境、提高农村居民交通规则意识和加强交通执法是保障交通安全的关键。可以通过改善农村道路基础设施，如拓宽道路、增设交通标志和信号灯，来提高道路的安全性。同时，还要加强交通法规的宣传教育，提高村民的交通规则意识。

环境安全关注农村居民的生活环境，包括空气、水和土壤的质量等。保护和改善环境需要通过污染控制、生态保护和环境教育来实现。各地政府可以通过实施农村环境整治项目，如垃圾处理、污水处理、绿化美化等，改善农村的环境卫生状况，为村民提供一个干净、整洁、美观的生活环境。

公共卫生安全保障农村居民不受传染病和其他公共卫生问题的威胁。这需要通过建立有效的卫生服务系统、进行疾病预防和健康教育来实现。各地政府可以通过加强农村医疗卫生服务体系建设，提高医疗服务水平，同时开展健康教育，来提高村民的健康意识和自我保健能力。

信息安全在数字化时代变得越来越重要，它保护农村居民的个人信息和数据不受网络攻击。随着互联网和移动通信技术的普及，农村居民的信息安全意识亟待提高，要防止个人信息泄露、网络诈骗等风险。

社会稳定是农村平安乐居的前提，它要求社区能够及时解决矛盾和纠纷，维护社会秩序。各地政府要通过建立有效的矛盾纠纷调解机制，如村民调解委员会，及时化解村民之间的矛盾和纠纷，维护社区的和谐稳定。

应急救援体系的建立可以提高农村应对各类突发事件的能力，包括建立应急响应机制、储备必要的救援物资和提高村民的自救互救能力等。各地政府通过建立农村应急救援体系，如组建救援队伍、储备物资、制订应急预案等，来提高农村应对自然灾害和其他紧急情况的能力。

法治保障是农村安全保障的基础，它通过加强法律服务、提高农村居民法律意识和确保法律公正执行来保护居民的合法权益。各地政府可以通过开展法律进村活动，提高农村居民的法律意识，同时提供法律援助，从而帮助村民维护自身合法权益。例如，广东省惠州市实施的"一村一法律顾问"制度，通过为每个村庄配备专业律师，提供法律咨询、法律援助和普法宣讲，从而增强了农村干部群众的法治意识，提升了法治乡村建设水平。广西壮族自治区住房和城乡建设厅发布的《2024 年度广西农村危房改造实施方案》，旨在保障农村低收入群体等重点对象的住房安全，这是对住房安全保障的具体实践。

这些措施的实施，使农村地区的安全保障得到了加强，为农村居民提供了一个更加安全、稳定、和谐的生活环境。这需要政府、社会组织和农村居民共同努力，不断完善相关制度和措施，确保农村居民能够安居乐业。保障农村安全，不仅能够提升农村居民的生活质量，还能够促进农村经济的发展和社会的全面进步，是实现乡村振兴战略的重要保障，也是构建和谐社会的基础。

29. 农村平安乐居中的安全保障还面临哪些问题？

农村的安全保障虽然取得了一定的进展，但仍然存在诸多挑战和问题。这些问题不仅影响着农村居民的日常生活，也制约着农村经济的健康发展和社会的全面进步。

基础设施的不足是一个突出问题。部分农村地区道路条件差，交通不便，增加了出现交通事故的风险，也影响了紧急情况下的救援效率。此外，医疗、教育资源匮乏，特别是在偏远地区，居民难以获得及时有效的医疗服务和高质量的教育，这影响了居民的健康和教育安全。

法治意识薄弱也是一大难题。由于法治宣传教育不够普及，部分村民缺乏法律意识，不了解如何通过法律手段维护自身权益，这在一定程度上加剧了社会矛盾和纠纷。例如，一些地区的土地纠纷、家庭矛盾等问题，由于缺乏有效的法律解决途径，往往难以得到妥善处理。广东省梅州市的陂蓬村提供了一个实际的案例。该村曾经因为村民法律意识淡薄，矛盾纠纷频发，影响了村庄的发展。为了解决这一问题，村干部决心加强法治建设，打造了全国首个智慧村居公共法律服务平台。

另外，环境污染问题也不容忽视。农业生产中过度使用化肥、农药等导致土壤和水体污染，不仅影响食品安全，也对生态环境造成了破坏。同时，农村地区易受洪涝、干旱、地震等自然灾害影响，而防灾减灾体系的建设尚不完善，这增加了农村居民的安全风险。

在社会治安方面，一些农村地区由于警力不足、监控设施缺乏，存在盗窃、诈骗等治安问题，给居民的生活带来了不安定因素。此外，交通安全管理的薄弱和交通规则的执行不严格也增加了交通事故的风险。例如，江西省上饶市婺源县段莘乡发生了多起针对农村空巢老人的盗窃案件。犯罪嫌疑人通过冒充熟人的方式，利用老人对政策的不了解和防范意识较弱的特点，实施了盗窃和诈骗，涉案金额高达数万元。

随着信息技术的普及，农村居民还面临着电信诈骗、个人信息泄露等新型安全威胁。这些新型犯罪手段隐蔽性强，不易被识别和防范，给农村居民的财产安全和个人信息安全带来了威胁。

公共卫生体系的不健全也制约了农村地区应对突发公共卫生事件的能力。由于医疗资源有限、村民公共卫生意识不强，一些农村地区在面对传染病等公共卫生事件时，往往难以做到及时有效的防控。

此外，农业生产安全问题、土地权益纠纷以及老龄化问题等都是农村安全保障面临的挑战。为了克服这些问题，政府、社会组织和村民需要共同努力，加强基础设施建设、提升法治意识、保护环境、加强社会治安管理、完善公共卫生体系等，为农村居民创造一个安全、稳定、和谐的生活环境。这不仅需要政策的支持和资源的投入，也需要村民的积极参与和自我管理，从而共同构建一个安全、和谐、繁荣的农村社会。这些综合措施的实施，可以有效地解决农村安全保障面临的问题，提升农村居民的生活质量，促进农村经济的健康发展和社会的全面进步。

30. 解决农村安全保障问题的方式有哪些？

第一，强化基础设施建设。要致力于改善农村的道路、桥梁等交通设施，确保农民出行安全便捷。同时，推进"四好农村路"建设，提升农村交通网络的综合服务能力。此外，还需加强农村防汛抗旱和供水保障能力，确保农民生产生活的用水安全。在电力和通信方面，要加快农村电网改造升级，扩大通信网络覆盖范围，为农村信息化发展奠定坚实基础。例如，浙江省宁波市宁海县通过实施"千万工程"，探索形成了"智分类、云回收、源处理、再利用"的农村生活垃圾分类处理新模式。

第二，提升公共服务质量。教育是乡村振兴的基石，要加大对农村教育的投入，提高农村学校的办学条件和教学质量。医疗方面，要加强乡镇卫生院和村卫生室的建设，提升医疗服务水平，确保农民能够就近享受到优质的医疗服务。同时，还要丰富农村文化生活，提升农村公共文化服务水平。例如，广东省惠州市实施了优化乡村医生队伍和实现医保"一站式"报销的措施。通过出台村卫生站建设规范和管理标准，惠州市将"一站式"医保结算服务扩展到全市村卫生站，极大地提升了便民服务能力。

第三，深化法治建设。依法打击农村各类违法犯罪行为，维护农村社会治安秩序，为农民创造安全稳定的生产生活环境。加强法治宣传教育，提高村民的法律意识和自我保护能力，让法治观念深入人心。

第四，推动数字乡村建设。利用现代信息技术手段，提升乡村治理的智能化、精细化水平。加快农村信息基础设施建设，推动互联网、大数据、人工智能等技术在农村的应用。发展智慧农业，提高农业生产效率和农产品质量。广东省清远市提供了一个实际的案例。清远市通过打造"数字乡村"智慧平台，实现了全市85个乡镇（街道）和1 078个行政村（居委）的"数字乡村"智慧平台接入，这是在省内首次实现"数字乡村"全域覆盖。

第五，改善农村人居环境。持续开展农村人居环境整治行动，推进农村厕所革命，加强生活垃圾和污水处理设施建设，改善农村卫生条件。同时，注重保护农村生态环境，推动绿色发展。

第六，加强基层组织建设。充分发挥农村基层党组织的战斗堡垒作用，选优配强乡镇领导班子，加强党员干部队伍建设。党员发挥先锋模范作用，带领农民群众共同奋斗，推动乡村振兴。例如，湖南省永州市宁远县深入开展农村基层党建全面过硬行动，通过筑堡垒、培队伍、优产业、深治理等措施，全面推动抓党建促乡村振兴提质增效。

第七，提升农房质量安全。加大农村危房改造力度，对存在安全隐患的农房进行及时修缮或重建。加强农房建设质量监管，确保新建农房符合安全标准。同时，提高农房的抗震设防能力，增强农村住房的安全性和稳定性。

第八，加强精神文明建设。弘扬社会主义核心价值观，传承发展中华优秀传统文化，加强农村思想道德建设和公共文化建设。开展丰富多彩的农村精神文明创建活动，改善农民的精神风貌，提升文明素养。例如，黑龙江省哈尔滨市通河县通河镇桦树村通过制定村规民约和建立乡风文明长效机制，推动了乡风文明的建设。

31. 在全国范围内，对解决农村安全保障问题方面有借鉴意义的典型案例有哪些？

在我国，解决农村安全保障问题的典型案例涵盖了多个方面，展示了创新做法和有效经验。这些案例体现了在农业执法、农产品质量安全、乡村治理、基础设施建设、环境保护、公共卫生体系和信息化建设等多个关键领域的努力和成效。

第一，在农业执法领域。山东省济南市成功打击了售卖假种子等违法行为，保障了农民权益和粮食安全。济南市农业执法部门通过与当地公安机关紧密合作，成功破获了一系列假种子售卖案件，这些案件涉及多个乡村，严重影响了当地农民的种植计划和收入。贵州省毕节市和江苏省盐城市等地的类似行动，展现了农业部门对农资市场的严格监管。其中，毕节市通过建立农资打假专项小组，对农资市场进行了全面的检查和整顿，确保了农民能够购买到合格的种子和肥料。同时，广东省中山市对农业转基因生物安全的严格管理，以及广西壮族自治区南宁市对劣质肥料的查处，进一步强化了农业执法的力度。

第二，在农产品质量安全方面。广东省茂名市高州市对农药残留超标农产品的查处，体现了我国对农产品质量安全的严格把控。高州市通过建立农产品质量安全检测中心，对当地农产品进行定期抽检，确保了农产品从田间到餐桌的每一个环节都符合国家食品安全标准，不仅保护了消费者的权益，也为农产品市场健康发展提供了保障。

第三，在乡村治理创新方面。浙江省宁波市鄞州区通过智管平台实现了村务透明化，增强了群众的监督权。鄞州区的智管平台集成了村务公开、财务透明、村民意见反馈等多项功能，使得村民能够实时了解村集体的财务状况和村务决策过程，有效提升了村民的参与度和满意度。天津市北辰区则通过创新治理方法，提升了乡村治理能力和水平。北辰区通过引入社会工作专业人才，开展了一系列乡村治理项目，如村民自治能力提升培训、乡村文化建设等，有效提高了乡村治理的专业化和现代化水平。

第四，在基础设施建设、环境保护方面。四川省眉山市东坡区实施的"农村四好路"建设，显著改善了农村交通条件，便利了农产品的运输，促进了农村经济的发展。东坡区通过改善农村道路，不仅提高了农产品的运输效率，还吸引了更多的游客前来体验乡村旅游，带动了当地旅游业的发展。浙江省湖州市安吉县的"千村示范、万村整治"工程，有效改善了农村人居环境，为乡村旅游业的发展创造了条件。安吉县通过整治村庄环境，提升了村庄的整洁度和美观度，吸引了大量游客，促进了当地乡村旅游业的蓬勃发展。

第五，在公共卫生体系和信息化建设领域。河南省信阳市平桥区通过建立和完善农村基层医疗卫生服务网络，提高了医疗服务水平，有效应对了公共卫生事件。平桥区通过加强乡村医生的培训和医疗设备的更新，提高了乡村医疗卫生服务的质量和效率，确保了农村居民在遇到突发公共卫生事件时能够得到及时有效的救治。陕西省咸阳市杨陵区建设的智慧农业平台，提高了农业生产的智能化水平，同时为农民提供了及时的农业信息服务。杨陵区的智慧农业平台集成了土壤监测、作物病虫害预警、市场行情分析等多项功能，为农民提供了全方位的农业生产指导，有效提高了农业生产的效率和收益。

这些典型案例不仅展示了我国在农业执法、农产品质量安全监管和乡村治理方面的成果，也为其他地区提供了可借鉴和学习的经验。未来，我国将继续加大投入力度，完善相关政策措施，推动农村安全保障工作再上新台阶，为实现乡村振兴战略提供坚实的安全保障，同时也为农村居民创造一个更加安全、和谐、幸福的生活环境。这些综合措施的实施，可以有效地解决农村安全保障方面的问题，提升农村居民的生活质量，促进农村经济的健康发展和社会的全面进步。这些努力将为构建和谐社会、实现可持续发展目标做出积极贡献，同时也将为农村居民带来实实在在的福祉。

32. 农村平安乐居中，公共服务体系的建设核心是什么？

农村平安乐居中，公共服务体系的建设意义在于为农村居民提供全面、便捷、高效的服务，以满足其基本生活和发展需求，促进农村社会和谐稳定。通过完善的公共服务体系，可以增强农村居民的幸福感和获得感，提高生活质量，保障基本权益，同时激发农村内生发展动力，推动农村经济社会全面进步。此外，公共服务体系的建设还有助于缩小城乡差距，实现公共服务均等化，构建城乡一体化发展新格局，为实现农业农村现代化和乡村振兴战略目标提供坚实支撑。该体系的建设核心涵盖了多个方面，以确保农村居民享受到与城市居民相当的生活质量和发展机会。

公共服务体系的核心之一是实现服务的均等化。这意味着农村居民应当能够平等地享受到教育、医疗、文化等基本服务，确保基本需求得到满足。例如，河南省三门峡市渑池县通过易地搬迁安置，使居民搬入新社区，提升了居民的居住条件，使其实现了住有所居、老有所乐。

基础设施的完善是公共服务体系的基础。通过加强农村道路、供水、供电、通信网络等基础设施建设，可以为农村居民提供稳定可靠的生活和发展基础，改善居住条件。例如，天津市北辰区双街镇构建了覆盖城乡、便捷高效的农村公共文化服务体系，加大基础设施投入。

教育质量提升是公共服务体系中的关键一环。要加强农村师资队伍建设，改善教学设施，确保农村儿童能够接受公平且高质量的教育，为他们的未来发展奠定坚实基础。

同时，建立健全的农村医疗卫生服务体系，可以提高医疗服务质量和可及性，对于保障农村居民的基本健康需求至关重要。例如，山西省忻州市宁武县通过整合农村医疗卫生服务资源，建立了医疗集团，健全了乡村医生服务补偿、培养培训和养老保障政策，提升了村级医疗卫生服务水平。

丰富农村文化生活、建设文化活动中心，可以满足农村居民日益增长的精神文化需求。注重包括养老保险、医疗保险、最低生活保障等在内的社会保障制度的完善，能够有效减少农村相对贫困和社会不公现象。除此之外，农村环境保护、公共安全保障、信息服务体系、便民服务体系建设以及农业支持服务等也是公共服务体系的重要组成部分。例如，北京怀柔的"足不出村"办政务、天津北辰双街的常态化服务体系、河北巨鹿的"医养结合+护理险"构建农村多元养老保障网等。又如，江西横峰县通过农村基础设施的全域升级和改善，打造秀美新乡村。

法治与德治相结合也是农村公共服务体系建设的重要保障。加强法治教育，提高农村居民的法律意识，同时弘扬社会主义核心价值观，能够促进农村社会和谐稳定，为农村平安乐居的目标提供有力支撑。

这些方面的建设将共同推动农村公共服务体系的完善，提高农村居民的生活质量。

33. 当下，推进乡村公共服务体系的建设面临哪些阻碍？

推进农村公共服务体系建设虽然意义重大，但在实际操作中却面临多重阻碍。资金不足是一个普遍存在的问题，农村地区的财政资金有限，这直接制约了公共服务设施的建设和维护工作。例如，一些农村地区缺乏足够的资金来建设和维护学校、医院、文化中心等公共服务设施，这不仅影响了服务的提供，也限制了服务的质量。同时，基础设施的薄弱也是一个不容忽视的问题，交通不便、通信不畅严重影响了公共服务的覆盖广度和响应速度。在一些偏远山区，地形复杂，交通建设成本高，导致道路条件差，这不仅影响了村民的出行，也限制了公共服务的有效送达。

此外，人才短缺，特别是教育和医疗领域专业人才的匮乏，已成为制约农村公共服务质量提升的关键因素。由于优秀人才更倾向于在城市发展，农村地区在吸引和留住人才方面面临巨大挑战。这导致农村地区的学校和医院比较缺乏高水平的教师和医生，影响了教育和医疗服务的质量，进而影响了农村居民的生活质量。

体制机制的不完善也是一大难题，缺乏有效的管理和监督机制使得公共服务质量参差不齐。与此同时，农村地区的信息化程度相对较低，这不仅影响了公共服务的便捷性，也降低了服务效率。一个具体的实例是，尽管全国所有省级单位都开发了统一的政务平台及相应的手机 App 便民终端，如"渝快办""粤省事""码上办事"等，但在实际使用中，仍面临一些挑战。

另外，文化差异、环境制约以及政策执行难度等因素也不容忽视。不同地区的文化差异导致对公共服务的需求和接受度各不相同，而农村地区的自然环境和地理位置则直接限制了某些公共服务的提供。例如，在一些民族地区，由于语言和文化的差异，公共服务的提供需要考虑到当地的特殊需求和习惯，这增加了服务的复杂性和难度。政策在执行过程中可能出现的偏差或地方执行力度不足的问题，也是导致公共服务体系建设滞后的重要原因。有时，即使中央政府制定了良好的政策，但在地方执行时可能会因为资源不足、理解偏差或执行力不强而导致效果不佳。

除此之外，村民的参与度低、资源配置不均、传统观念影响以及法治建设滞后等问题也亟待解决。部分农村居民对公共服务的认识不足，缺乏参与和监督公共服务建设的积极性。这导致村民在公共服务的规划和实施过程中缺乏发言权，他们的需求和意见往往不能得到充分的反映和考虑。针对这些问题，北京市怀柔区通过打造全天候代办队伍，为农村居民代办 101 个高频事项，解决了农村居民不了解政策要求、办理不便等问题，实现了便民服务零距离。

综上所述，推进农村公共服务体系建设需要政府、社会和村民三方共同努力，通过加大投入、优化资源配置、加强基础设施建设、提高服务质量和效率等多方面的措施，加强法治建设、提高村民的参与度和法律意识，以全面推动农村公共服务体系的持续健康发展。

34. 应该如何消除推进乡村公共服务体系建设面临的阻碍？

要消除推进农村公共服务体系建设时面临的阻碍，需要采取一系列综合性的措施。

加大财政投入是关键。政府应增加对农村公共服务的财政预算，确保基础设施建设和服务提供得到充足的资金支持。优化人才政策至关重要。通过提供补贴、住房、职业发展机会等激励措施，吸引和留住教育、医疗等公共服务领域的专业人才，从而为农村提供更高质量的服务。四川省广元市旺苍县水磨镇板桥村党群服务中心提供了一个实际案例。该中心投资 260 万元，建立了综合服务中心，推动公共服务向基层延伸，向乡村覆盖。

同时，完善基础设施是提升农村公共服务效率的基础。应加强农村交通、通信、水利等基础设施的建设，提高公共服务的可达性，扩大覆盖面，确保农村居民能够享受到便捷的服务。在资源分配方面，要合理规划和分配资源，缩小城乡及不同农村地区之间的公共服务差距，确保资源的均衡配置。

此外，创新服务模式也是重要的手段。利用互联网、大数据等现代信息技术，发展远程医疗、在线教育等新型服务模式，以提高服务效率，降低服务成本。例如，广东省惠州市通过加强乡村卫生站和乡村医生队伍建设，配合推动实现乡村医院医保"一站式"报销，有效解决了农村居民看病难、看病贵的问题。

为了保障服务质量，还必须强化法规制度。要建立健全相关法律法规，规范公共服务提供的标准和流程，确保服务质量和安全。

提高村民的参与度也是必不可少的。要通过宣传教育，增强村民对公共服务重要性的认识，鼓励他们积极参与服务的监督和管理，形成共建共治共享的良好局面。同时，还需要尊重并适应地方文化特色，设计符合当地需求和文化习惯的公共服务项目，增强服务的针对性和有效性。针对相对贫困地区和弱势群体，实施精准扶贫政策，确保当地群众能够享受到基本公共服务，缩小社会差距。例如，湖南省湘西土家族苗族自治州花垣县十八洞村通过实施精准扶贫政策，成功地从深度贫困村转变为小康示范村寨。

建立和完善公共服务监督机制，确保政策得到有效执行，服务质量得到持续改进。促进政府、企业、社会组织和村民等多方参与，形成合力，共同推进公共服务体系建设。加强信息公开，提高政策透明度，及时公开公共服务项目信息，接受社会监督。培养村民自治组织能力，让村民在公共服务的规划、实施和监督中发挥更大作用。

建立定期评估和反馈机制，及时发现问题并调整改进，确保公共服务体系建设持续有效，为农村社会经济的全面发展和农民的平安乐居提供坚实保障。

35. 在全国范围内，对推进公共服务体系建设有借鉴意义的典型案例有哪些？

在推进农村公共服务体系建设的道路上，我国各地涌现出许多典型案例，这些案例不仅展示了创新做法，也为其他地区提供了宝贵的经验借鉴。

江西省上饶市横峰县通过建立"支部生活日"制度，创新"1+1"和"1+N"模式，有效激发了群众参与村庄建设管理的积极性。这种模式通过党员与群众的直接联系，增强了基层党组织的凝聚力和战斗力，同时也让群众在村庄发展中发挥了更大的作用。

北京怀柔区通过实施"足不出村"办政务，将服务窗口前移，提高了农村公共服务效能。这一举措极大地方便了农村居民办事，减少了他们前往城镇办理事务的时间和经济成本，提高了政府服务的便捷性和效率。

河北省邢台市巨鹿县则通过探索"医养结合+护理险"的农村养老模式，整合了医疗养老资源，提高了养老服务质量。这一模式不仅满足了农村老年人的医疗和养老需求，还通过护理保险减轻了他们的经济负担，提高了他们的生活质量。

浙江省嘉兴市海盐县作为基本公共服务均等化改革试点县，在城乡均衡发展方面取得了显著成效。该县通过推进基本民生性服务和公共事业性服务等领域的探索实践，构建了可持续发展的基本公共服务体系，为农村居民提供了更加均等化的服务保障。

此外，安徽省池州市青阳县通过构建"四项机制"，有效解决了农村公共服务体系的管护难题。这四项机制包括公共服务设施的建设、运营、维护和监管，确保了公共服务设施能够长期稳定地为农村居民提供服务。天津市北辰区双街镇通过加大基础设施投入和加强文体培训交流，让乡村文化"活"起来。这一做法不仅提升了农村地区的文化氛围，还增强了农村居民的文化自信和幸福感。上海市松江区通过构建"15 分钟生活区"，推动了公共服务设施向农村社区延伸。这一模式通过在 15 分钟步行范围内提供包括医疗、教育、购物等在内的全方位服务，极大地方便了农村居民的日常生活。江苏省苏州市吴江区通过推出"三张榜单"带动农村人居环境整治。这"三张榜单"包括了环境卫生、绿化美化和公共秩序，通过榜单的公示和评比，激发了村民参与环境整治的积极性。浙江省宁波市宁海县则通过构建"智引擎"，打造了农村生活垃圾分类新模式，这一模式利用智能化手段，提高了垃圾分类的效率和准确性，促进了农村生活环境的改善。

这些典型案例展示了我国各地在推进农村公共服务体系建设中的创新做法和有效经验。它们不仅提高了农村公共服务的质量和效率，也增强了农村居民的获得感、幸福感和安全感。其他地区可以借鉴这些先进经验，结合自身实际情况，加快推进农村公共服务体系建设步伐。通过这些案例的推广和应用，可以预见，未来我国农村公共服务体系将更加完善，农村居民的生活将更加便利和舒适。

36. 在公共服务体系建设中，公共服务监督机制如何建立和完善？

公共服务监督机制在公共服务体系建设中的意义在于确保服务提供的质量和效率，保障公众利益和权益得到实现。有效的监督可以提高公共服务的透明度，增强问责性，预防和减少服务提供过程中出现的滥用职权、腐败和资源浪费现象。同时，监督机制鼓励公民参与，通过反馈和建议帮助政府不断优化服务内容和方式，以增强公共服务的适应性和满意度。此外，监督机制还有助于及时发现和解决服务提供过程中的问题，提升公共服务的可持续性和公平性，从而构建一个更加公正、高效和人民满意的服务体系。

公共服务监督机制的建立和完善，对于确保公共服务的质量和效率具有举足轻重的作用。

第一，明确监督目标和标准是公共服务监督机制的基础。要设定与服务宗旨和群众需求紧密相关的监督目标，确保公共服务的每一环节都能达到预设的质量标准。例如，辽宁省庄河市"1945"农村生活垃圾长效治理模式，就是当地政府探索的一种农村生活垃圾治理新模式。其通过强化组织领导和构建资金保障机制，有效破解了农村垃圾治理难题。

第二，建立全方位的监督体系至关重要。这包括政府部门和服务机构自身的内部监督，以及第三方评估、媒体监督、社会公众监督等外部监督形式。内外结合的监督体系能够形成强大的监督合力，确保公共服务的公正性和透明度。例如，内蒙古自治区包头市九原区构建了集"建、管、用"为一体的服务体系，通过区、镇、村三级共同发力，有效治理了生活垃圾和污水，改善了农村人居环境。

第三，信息技术的运用也为公共服务监督带来了新机遇。其通过建立监督管理平台，利用大数据、云计算等现代信息技术手段，实现服务过程的透明化和监督的实时化，提高监督效率。公众参与是公共服务监督不可或缺的一环。通过问卷调查、意见箱、社交媒体等渠道，鼓励公众积极参与监督；同时收集群众反馈和建议，及时响应公众诉求，增强公共服务的针对性和实效性。例如，江西省吉安市永新县纪委监委推广的"监督一点通"平台，推动了监督下沉落地、融入基层治理，提升了监督的精准性和实效性。安徽省安庆市纪委监委依托智慧监督平台，深挖预警信息背后的共性问题和普遍性问题，集中开展专项整治。

第四，为了确保监督结果的有效执行，必须强化责任追究机制。对于监督中发现的问题，要及时整改，对于违规违纪行为，要严肃处理，从而形成威慑力。

第五，为了保障监督工作的专业性和公正性，需要培养专业监督人才。要加强监督人员的专业培训，提高监督人员的专业能力和职业道德水平。同时，创新监督方式也是提升监督效能的关键。探索和实践新的监督方式，如引入社会监督员、开展服务满意度调查、建立服务对象反馈机制等，能够更好地满足群众对公共服务的多元化需求。

第六，加强不同政府部门之间的协作，形成监督合力，避免监管空白和重复监管，提高监督效率。通过跨部门协作，不同政府可以共同推动公共服务监督机制的完善和发展，为人民群众提供更加优质、高效的公共服务。

37. 在全国范围内，各地政府在建立公共服务监督机制方面的先进探索有哪些？成效如何？

在全国范围内，各地政府在建立公共服务监督机制方面进行了一系列的先进探索，取得了显著成效。这些探索不仅提高了公共服务的透明度和质量，还增强了群众的参与感和满意度。

北京市政府通过印发《北京市基本公共服务实施标准（2023年版）》，明确要求公开服务标准，畅通反馈渠道，提升了公共服务的透明度和群众参与度。这一标准的实施，使得公共服务的内容、流程和质量都有了明确的规范，群众可以更加直观地了解服务的具体要求，提高了服务的可及性和便利性。北京市还通过建立公共服务满意度调查制度，定期收集群众对公共服务的意见和建议，及时调整和优化服务内容，确保公共服务更加贴近群众需求。

山东省淄博市则采用项目化管理模式，聚焦关键领域开展专项监督，如低保兜底政策和精准扶贫等，确保了政策的有效实施。通过项目化的管理，淄博市能够更加精准地对政策执行情况进行跟踪和评估，及时发现和解决实施过程中的问题，提高了政策的执行力和效果。淄博市还通过建立政策执行的考核机制，将政策执行情况与相关部门和人员的绩效考核挂钩，增强了政策执行的责任感和紧迫感。

在创新监督手段方面，浙江省衢州市探索了"365监督在线"工作机制，通过线上线下资源结合，实现全时空、全天候的监督，有效提升了监督的效率和精准度。衢州市的这一机制，构建了一个全方位的监督网络，使得监督工作更加及时、全面，提高了监督的覆盖面和有效性。衢州市还通过建立监督结果的公开制度，将监督发现的问题和处理结果向社会公开，增加了监督的透明度和公信力。

浙江省诸暨市则运用"枫桥经验"和大数据治理，实现了网络信息监督、网片协同监督和网格体制监督的有机结合，提高了监督的科学性和精准度。诸暨市通过对现代信息技术的应用，实现了对公共服务的动态监控和智能分析，使得监督工作更加科学、高效。诸暨市还通过建立群众参与监督的激励机制，鼓励群众通过网络平台、手机 App 等方式参与监督，提高了群众监督的积极性和有效性。

江苏省昆山市通过网络平台公示村级权力和村务公开事项，让群众能够清晰了解每一笔资金、每一项补助和每一个工程的情况，极大地增强了群众的监督能力。昆山市的这一做法，通过信息化手段，提高了村级事务的透明度，让群众能够更加方便地参与村务监督，提高了群众的参与度和监督效果。昆山市还通过建立村务监督委员会，让群众代表直接参与村务决策和监督，增强了监督的针对性和实效性。

总的来说，这些典型的地方政策通过创新监督手段、加强信息化建设、提高监督的针对性和实效性，有效提升了公共服务的质量和效率。这些成功案例为其他地区提供了有益的借鉴和参考，推动了公共服务监督机制的持续完善和发展。通过这些先进的探索和实践，我们可以看到，建立和完善公共服务监督机制，不仅能够提升公共服务的质量和效率，还能够增强群众的获得感和满意度，对于推动社会治理体系和治理能力现代化具有重要意义。这些探索和实践也表明，只有不断创新和完善监督机制，才能确保公共服务始终沿着正确的方向发展，满足人民群众日益增长的美好生活需要。

38. 在全国范围内，各地建立和发展公共服务监督机制的共同特点是什么？

当前公共服务监督机制的政策展现出了诸多显著特点，这些特点共同指向了增强监督力度、提升监督效能、保障公共服务质量和效率的目标。

政策强调公开透明，通过政府公报、政府网站、新媒体平台等多种渠道，及时公开基本公共服务的实施标准和相关信息，确保群众能够方便地获取所需信息，提升政策透明度。例如，一些地方政府推出了移动应用程序，使居民能够通过手机实时查看社区公告、公共设施使用情况和相关服务的反馈，这种创新的公开方式极大地提高了信息的可及性和互动性。

政策建立了畅通的意见建议反馈渠道，鼓励群众参与到公共服务标准的监督实施中，维护自身权益。这种反馈机制不仅保障了群众的知情权和监督权，还有助于及时发现并解决问题。在实际操作中，一些地区设立了专门的公共服务监督热线和在线投诉平台，居民可以通过这些渠道快速反映问题，相关部门则需在规定时间内给予回应和处理，这样的机制有效地提升了群众的参与感和满意度。

在监督方式上，政策采取了项目化管理和指挥监督的策略。例如，山东省淄博市纪委监委实行的立项监督，确保了监督工作的针对性和系统性。淄博市的项目化管理，将监督任务分解为具体的项目，明确了责任人、监督目标和时间节点，通过项目管理软件进行跟踪和评估，确保了监督工作的有序进行。而浙江省衢州市纪委监委推行的"365监督在线"工作机制，则利用大数据等新技术进行智慧分析，实现全时空、全天候的监督，提高了监督的科学性和精准度。衢州市的"365监督在线"工作机制，通过整合各类数据资源，构建了一套智能化的监督系统，能够对公共服务的实施情况进行实时监控和自动预警，极大地提高了监督的效率和效果。

同时，政策还注重信息化平台的建设。如浙江省诸暨市运用大数据治理，江苏省昆山市将村级权力事项和村务公开事项搬上网络平台，这些举措增强了监督的便捷性和实效性。昆山市的网络平台不仅提供了信息公开的功能，还引入了电子投票和在线讨论等互动功能，使居民能够更加便捷地参与村务决策和监督，这种创新的参与方式有效地提升了居民的参与度和监督效果。

此外，政策还推动监督下沉至基层。例如，北京市通州区通过建立健全村干部权力正负清单、村务监督平台等措施，打造"一单明权、一台亮权、一网督权"的监督工作格局，确保基层监督的实效性。北京市通州区的监督工作格局，通过明确村干部的权力和责任，建立了一套完整的监督和评价体系，使得基层监督更加规范和有效，同时也提高了村干部的服务意识和责任感。

在参与主体上，政策鼓励群众、社会组织、媒体等多方参与监督，形成广泛的监督网络，增加监督的广度和深度。同时，政策还通过制定权力清单、监督台账等方式，明确各级政府和相关部门在公共服务监督中的责任，确保监督工作的落实。例如，一些地区通过成立公共服务监督联盟，整合了政府部门、社会组织、媒体和居民的力量，形成了一个多元化的监督体系，这样的体系不仅提高了监督的力度，也增强了监督的灵活性和有效性。

政策要求对公共服务发展情况进行定期的监测评估，及时发现问题并进行整改，确保公共服务供给的质量和效率。同时，建立健全激励和问责机制，对在公共服务监督中表现优秀的单位和个人给予奖励，对履职不力的进行问责，提高监督工作的严肃性和权威性。例如，一些地方政府实施了公共服务监督的"红黑榜"制度，对那些在监督中表现突出的单位和个人进行表彰和奖励，而对那些工作不力、问题频发的单位和个人进行曝光和问责，这样的机制有效地提升了公共服务监督的实效性和权威性。

这些特点共同体现了公共服务监督机制政策在制度创新和技术应用方面的积极努力，旨在构建一个更加公正、高效、透明的公共服务体系。通过这些政策的实施，我们可以看到，公共服务监督机制正在逐步完善，公共服务的质量和效率得到了显著提升，群众的满意度和获得感也在不断增强。未来，随着技术的不断进步和制度的不断创新，公共服务监督机制将更加成熟和完善，为构建和谐社会和实现可持续发展目标提供有力支撑。

39. 实现农村平安乐居，对地方政府和党员干部提出了怎样的要求？

实现农村平安乐居，对于地方政府和党员干部来说，是一项重大而紧迫的任务。

对于地方政府而言，其首要任务是强化责任担当，将农村平安乐居作为民生工程的核心，确保各项政策措施落到实处。地方政府需要推动政策创新，根据农村实际情况制定发展规划，同时提升服务效能，优化服务流程，使农村居民能够便捷地享受到公共服务。此外，加强基础设施建设、保障公共安全、促进经济发展、改善人居环境以及加强法治建设等方面也是政府的重要职责。政府应加大投入，完善农村基础设施，构建社会治安防控体系，推动农村经济发展，改善农村人居环境，并通过普及法律知识，来增强居民的法治意识。例如，广西壮族自治区百色市田东县以创建国家农村产业融合发展示范园为抓手，发展芒果种植等特色产业，促进农村一、二、三产业融合，推进农业高质量发展。

对于党员干部来说，其需要发挥先锋模范作用，积极参与农村平安乐居建设。党员干部要深入基层，了解群众需求，帮助解决群众的实际问题，同时加强基层党组织建设，提升党组织的组织力和战斗力。党员干部还应促进社会和谐，有效沟通协调，化解农村社会矛盾，维护农村社会稳定。此外，党员干部还要推动村民自治，鼓励和支持村民参与乡村治理，实现村民自我管理、自我服务、自我教育。在关注弱势群体方面,党员干部要特别关心农村中的老年人、儿童、残疾人等,确保他们的基本生活得到保障。比如,福建省泉州市洛江区罗溪镇建立了由党员、小组长、各类人才组成的党群圆桌会,整合各类社会组织和社会资源,推动特色经济发展。

加强信息化建设是实现农村平安乐居的重要手段。政府和党员干部应利用现代信息技术,提高农村治理水平,推动智慧农村建设,为农村居民提供更加便捷、高效的服务。例如,广西壮族自治区来宾市忻城县古蓬镇凌头村打造的数字乡村综合管理与服务平台项目,通过构建"一云多端"数字乡村云平台,为乡镇政府、运营企业、当地村民提供智慧场景服务,包括5G数字乡村智慧大屏、乡村治理一张图、乡村智慧党建大屏、视频会议、短信通知、智能填报、随手拍等功能,有效提升了乡村治理水平。

综上所述,实现农村平安乐居需要政府和党员干部的共同努力,强化责任担当,推动政策创新,提升服务效能,加强基础设施建设,保障公共安全,促进经济发展,改善人居环境,加强法治建设,发挥党员干部先锋模范作用,加强基层党组织建设,促进社会和谐,推动村民自治,关注弱势群体,加强信息化建设。只有这样,才能真正实现农村平安乐居的目标。这不仅需要政府和党员干部的积极作为,还需要社会各界的广泛参与和支持,形成推动农村平安乐居的强大合力。

三 就业创业篇

40. 为什么说乡村振兴，产业兴旺是重点？如何发展壮大农村产业？

根据 2024 年出台的中央一号文件，要推进中国式现代化，必须坚持不懈夯实农业基础，推进乡村全面振兴。因此，在新时代新征程中，要实现乡村振兴的战略目标，首先各级党员干部要以产业兴旺为起点助力美丽乡村建设，将乡村建设成美丽、绿色、幸福的现代化乡村，率先基本实现农业农村现代化的目标。

解决农村所有问题的关键便是产业兴旺。首先，发展乡村产业的第一要义是要挖掘当地"土特产"，写好土特产文章，从而坚持以农村产业、农产品质量、绿色农村产业发展模式，促进乡村一、二、三产业融合发展。其次，要坚持推动农产品加工业优化升级，要坚持发展农业产业化联合体，从而鼓励全体农民参与乡村产业的发展，共享农村产业增值收益，实现产业兴旺、乡村振兴的战略目标。结合全国乡村实践经验，总结出以下三个重点发展方式。

首先，要科学规划，制定产业融合促进政策，创新产业发展模式。以成都市新津区张河村为例，从 2018 年开始，成都市新津区张河村盘活闲置集体建设用地和该村村民的空置房屋，将其打造成民宿，发展共享农庄，开创了"体验农场+特色餐饮+自然教育"的乡村旅游产业发展模式。为了让全体村民能够通过集体农庄获取利益，张河村村民委员会在原有的共享农庄的架构基础上进行创新，鼓励村民以自家土地入股，共享农庄产生的盈利。村民可通过"保底+分红"的机制获取收益，这样既避免了入股带来的风险，又鼓励了村民入股推动共享农庄的发展。

其次，加大财政资金的投入，招才引智，推动农村创新创业新集群发展。以福建省晋江市为例，福建省晋江市为了鼓励农民创业，降低农民的创业风险，专门投入资金开设了农业贷款风险补偿专项资金项目，创建了多个农业农村"双创"团队。同时，成立多家大学生经营规模农场，鼓励大学生返乡创业。

最后，政府要加大对优惠政策及利好政策的宣传力度，创新宣传方式，引导大学生及在外务工青年返乡创业，从而发展农村电商新业态。比如辽宁省朝阳市十家子村抓住互联网快速发展的时代契机，开创了"线上开网店+线下实体店"的新农业农村发展模式。十家子村先后在发达省市开设线下实体体验店，将十家子村的农产品供应给实体体验店，通过顾客的反馈改善服务，优化顾客的购物体验。另外，十家子村与大型互联网平台企业合作，签订合作协议，开设线上零售商铺，让全国各地的人民都能通过网购买到十家子村的农产品。十家子村自此形成了农产品从生产环节到销售环节的全新产业链模式，这样农产品的销售渠道便更宽了，农产品销量也更多了，农民的收入也随之增加了，农民的生产积极性也提高了。

41. 为什么说农村劳动力是乡村振兴的主力军?

乡村振兴，必须要靠人来实现，即农民才是乡村振兴的主力军，农民又包括"老"农民和"新"农民。"老"农民凭借他们丰富的经验和对土地的深厚感情，一直是农业生产的中坚力量。然而，随着时代的发展，"老"农民终将退出历史舞台，而"新"农民，特别是那些受过良好教育、掌握现代农业技术的年轻一代，将接过接力棒，成为推动农业现代化发展的中坚力量。

当前，农村面临劳动力配置不合理、青年农民严重短缺的问题。这一问题的存在，不仅影响了农业生产的效率和质量，也制约了农村经济的多元化发展。因此，解决农村劳动力不足的问题是实现乡村振兴的首要问题，也是彻底而完全地解决农民在农村产业发展前期、农村产业发展中期、农村产业发展后期所面临的一切难题的关键。通过全国各地发展农村劳动力的实践，我们得出以下经验。

第一，全国各地的乡村要建立起职业农民制度，建立健全职业农民培育体系。在这方面比较典型的是甘肃省。甘肃省政府为了培养新型职业农民，专门在2019年颁布了《2019年甘肃省新型职业农民培育实施方案》，将如何培养新型职业农民落到实处。政府根据农民的教育程度及掌握的技能、学习能力等各方面进行综合考量，将农民分为三个级别，分别是初级职业农民、中级职业农民、高级职业农民。对于这三个级别的农民，分别从加强教育培训、政策支持和规范管理"三位一体"的培育环节进行针对性培训，从而建立起新型职业农民培育制度体系。

第二，成立农村专业合作社，吸纳农村闲散劳动力，增加灵活就业岗位和收入。四川省广元市苍溪县就建立了县国有人力资源公司、乡镇劳务专业合作社、村及社区劳务专业合作社三级劳务服务体系，促进农民工转移就业和就近就地就业。这种模式有效地整合了农村劳动力资源，提高了劳动力的利用效率。

第三，深挖资源禀赋，聚力打造农村劳动力高质量就业"新引擎"。比如，重庆市始终将返乡创业园区建设作为推动农民工返乡创业工作的重要举措。通过多种方式包括完善扶持政策、优化创业环境、搭建服务平台，不断推进市级返乡创业园区建设。重庆市已建立多个市级返乡创业园，吸纳了4 000多家返乡创业市场主体，带动了全市数万人的劳动力就业。这样的举措不仅为返乡农民工提供了创业的平台，也为当地经济发展注入了新的活力。

第四，在推动农村劳动力发展的过程中，政府还应注重提升农村劳动力的综合素质，包括职业技能、创新能力和市场意识等。这可以通过开展各类培训课程、提供学习资源和建立激励机制来实现。同时，政府还应加大对农村基础设施的投入，改善农村生产生活条件，从而吸引更多有志青年投身乡村振兴事业。

42. 如何促进农村劳动力转移就业，从而推动乡村振兴的实现？

农村劳动力转移就业是指农村富余劳动力向城镇和非农产业转移。这一过程对于缩小城乡差距、提升农村居民生活水平、促进农业现代化和推动乡村振兴战略目标的实现具有重要意义。实际上，劳动力的合理流动和有效配置是实现区域均衡发展的关键，也是激发农村内生发展动力的重要途径。如何促进农村劳动力转移就业事关"三农"问题的解决以及乡村振兴的实现。纵观全国乡村实践范例，促进农村劳动力转移就业的典型措施如下。

第一，在农村发展电商农业，形成农产品种植、管理、加工、销售的产业链，打造当地特色品牌，培育实力强的特色产业，从而促进农村劳动力转移。例如，通过建立农产品电商平台，农民可以将自家的农产品直接销售给全国各地的消费者，这样不仅提高了农产品的附加值，也为农民提供了新的收入来源。比如，云南省楚雄彝族自治州牟定县江坡镇种植 7 500 亩"江红李"，走出了一条"党建引领+公司+基地+农户+市场"的新路子，大大促进了农村劳动力转移就业。

第二，在稳定群众就业工作上，利用劳动力相对集中的契机，对全部劳动力就业情况进行全面的排查，通过上门走访、调研的方式，实现未就业农村劳动力的稳定就业。这一措施需要政府部门、社区组织和企业共同参与，通过提供就业信息、职业培训和就业服务，帮助农民找到合适的工作岗位。比如，新疆维吾尔自治区巴音郭楞蒙古自治州尉犁县阿克苏普乡扎实开展农村劳动力转移就业"春风行动"。输送 30 余名劳动力到园区企业就业，现场签订就业协议，助力保就业稳就业。同时，针对就业服务需求，制定个性化、多样化就业服务方案，送岗位、送培训、送服务、送政策。

第三，积极开展转移就业大输送，鼓励引导农民工往县外转、往省城转、往省外转，特别要鼓励往省外发达地区转，从而提高农村劳动力省外转移就业比例。这一措施有助于农民拓宽视野，学习新技能，并在更广阔的市场中寻找更多的就业机会。比如，云南省大理白族自治州祥云县积极对接广东、上海、浙江劳务协作部门和驻外劳务工作站，收集岗位信息。及时掌握当地用工服务奖补政策，建立符合祥云县实际的动态用工需求台账。动态掌握农村劳动力就业信息。

第四，为了进一步促进农村劳动力的转移就业，还需要加强农村基础设施建设，改善农村交通、通信和生活服务设施，为劳动力的流动提供便利条件。同时，加大对农村教育的投入，提高农村居民的文化素质和职业技能，增强他们的就业竞争力。此外，政府还应出台更多支持农民工返乡创业的政策，鼓励他们在积累了一定经验和资金后，回乡创业，带动当地经济发展。

这些措施的实施可以有效促进农村劳动力的转移就业，为乡村振兴提供强大的人力支持。这不仅能够提升农村居民的生活水平，还能够促进农村经济的多元化发展，实现农业现代化和农村社会的全面进步。只有充分发挥农村劳动力的潜力，才能确保乡村振兴战略的顺利实施和长远发展。因此，政府和社会各界需要共同努力，通过教育培训、政策支持和市场引导等措施，不断提升农村劳动力的素质和能力，为乡村振兴提供坚实的人力支持。这不仅需要政府的积极作为，还需要社会各界的广泛参与和支持，形成推动农村劳动力发展的强大合力。同时，还需要注重农村劳动力的权益保护，改善他们的工作和生活条件，提高他们的社会地位和经济收入，使他们能够更好地参与到乡村振兴的伟大事业中来。

43. 国家针对农民就业出台了哪些法律帮助政策？

国家为了保障农民就业权益，出台了一系列法律帮助政策，这些政策旨在为农民提供法律支持和保护，确保他们在就业过程中的合法权益不受侵害。

首先，农民就业需要与用人单位建立劳动关系或者劳务关系，这时农民在就业过程中该注意些什么？

第一，规范劳动合同的签订。农民在就业时，与用人单位建立劳动关系至关重要。根据国家规定，农民应与用人单位签订书面劳动合同，明确双方的权利和义务。若用人单位拒不签订书面劳动合同，农民应收集工牌、工作服、打卡记录、工资条等证据，以备在权益受侵时申请仲裁或提起诉讼。此外，农民应留存劳动合同副本，确保自己的权益有据可依。

第二，审查合同内容和细节。农民在订立劳动合同时，要注意公司或者企业的名称是否与实际上班的单位名称一致，以及劳动合同的期限是不是从上班之日起计算的，是一年一签，还是三年一签，工作时间是不是8小时工作制，加班有没有加班工资，工资是按天发放还是按月发放以及什么时候发，等等。

其次，农民在务工时，遇到劳动纠纷又没钱聘请律师时，可以向当地司法局的法律援助中心咨询其是否符合申请法律援助的条件。如果符合当地申请法律援助的条件，可以带好证件，前往法律援助中心，法律援助中心会指派律师为其维权。

此外，国家还通过各种渠道加强法律宣传教育，提高农民的法律意识和维权能力。例如，通过开展"送法下乡"活动，组织法律知识讲座和培训，让农民了解和掌握与自己权益相关的法律法规。这样可以帮助农民在就业过程中更好地识别和防范法律风险，及时采取措施保护自己的合法权益。

在劳动争议处理方面，国家设立了劳动争议仲裁委员会，为农民提供便捷的争议解决途径。农民与用人单位发生劳动争议时，可以向劳动争议仲裁委员会申请仲裁。这一程序相对简便、快捷，且不收取费用，有效降低了农民维权的成本和门槛。

最后，国家还鼓励和支持农民通过参加职业培训和技能提升培训，提高自身的就业竞争力。提供职业培训补贴、建立职业技能鉴定体系等措施，可以帮助农民提升技能，增加就业机会。这样不仅有助于农民个人的发展，也有利于农村劳动力的整体素质提升。

综上所述，国家为农民就业提供了全方位的法律帮助政策，从劳动合同的签订到劳动争议的处理，从法律援助到职业培训，都是为了保障农民的合法权益，促进农民的稳定就业和农村的可持续发展。这些政策的实施，需要各级政府、社会组织和农民自身的共同努力，通过法律的宣传、教育和执行，不断提高农民的法律意识和维权能力，为农民就业创造一个公平、公正的环境。

44. 乡村振兴战略中，农民在社会基本保障制度方面享有哪些政策？

在我国，为了确保每一位公民都能在遇到困难时得到必要的帮助，政府建立了一套全面的社会保险制度。这套制度包括基本养老保险、基本医疗保险、工伤保险、失业保险、生育保险等社会保险制度，旨在保障公民在年老、疾病、工伤、失业、生育等情况下，能够依法从国家和社会获得物质帮助。

首先，对于在城市或工厂工作的农民工，他们的雇主或单位有责任为他们缴纳社保。这意味着，如果农民工朋友们在城市找到了工作，那么他们的雇主就需要按照法律规定，为他们缴纳包括养老、医疗、工伤、失业和生育在内的社会保险。如果雇主没有履行这一责任，农民工可以向劳动监察部门投诉，要求雇主补缴社保或者支付相应的赔偿。

其次，对于那些在农村从事农业生产的农民，他们也可以通过灵活就业的方式参加社保。比如到户籍所在地的社保经办机构，按照规定建立个人社保账户，自愿选择参加职工养老保险和职工医疗保险。这样，即使他们没有固定的工作单位，也能享受到国家提供的社会保障。

此外，在乡村振兴战略的推进下，政府也在努力提高农民的医疗保障水平。比如，通过增加财政补贴，优化医保报销政策，提高报销比例，让农民朋友们在看病时能享受到更多的实惠。同时，政府也在推广大病保险，为农民提供更全面的医疗保障，以确保他们不会因为大病而陷入经济困境。

最后，养老保险也是农民朋友们非常关心的问题。政府正在通过提高基础养老金标准、推广个人养老金制度、鼓励社会力量参与养老服务等措施，为农民提供更多样化的养老保障选择。这表明，农民朋友们在退休后，除了可以领取国家提供的基础养老金外，还可以通过个人账户积累更多的养老金，确保老年生活更加安稳。

总的来说，乡村振兴战略下，农民朋友们在社会基本保障方面享有的政策是全面而细致的。这些政策不仅保障了农民的基本生活需求，也为他们提供了更多的发展机会和安全感。通过这些政策的实施，我们可以看到政府对农民福祉的重视，以及对乡村振兴战略的坚定承诺。农民朋友们可以根据自己的实际情况，选择最适合自己的参保方式，享受国家提供的社会保障。

45. 国家为了实现乡村振兴，针对培养新生代农民工制定了哪些政策？

2019年1月9日，人社部印发《新生代农民工职业技能提升计划(2019—2022年)》，对加强新生代农民工职业技能培训工作提出了新的要求，要求全面提升农民工队伍技能素质。

第一，加强农民工职业技能培训的组织发动和信息收集，根据不同群体特点，分类开展就业技能培训、岗位技能提升培训、企业新型学徒制培训、新职业新业态培训、创业培训等。比如，四川省江油市各基层工会通过走访、电话摸底等方式，对村（社区）企业的在岗待岗职工（农民工）、新就业形态劳动者的技能提升培训需求情况进行调研，并将调研结果据实申报，以建立职工培训信息库，全面掌握职工技能培训需求。严格按招标程序确定培训学校、精心选择培训项目、建立完善精准的培训制度。

第二，加强对农民工职业技能培训工作的经费支持，如增加就业补助资金、失业保险基金、企业职工教育经费。例如，四川省加大对农民工职业技能培训的资金投入，优化农民工职业技能培训的补贴方式，分层分类开展岗前技能培训、劳动预备制培训、岗位技能提升培训和新型学徒制培训。

第三，当地人社部门要发挥带头作用，形成由人社部门牵头协调、多部门共同参与的工作机制。例如，青海省人力资源和社会保障厅会同有关部门印发《关于进一步加强全省拉面产业技能人才队伍建设的通知》，从技能培训、人才评价、行业评优工作等方面入手，进一步推动拉面产业技能人才队伍持续壮大。

第四，创新开展农民创业培训知识和新职业新业态知识的培训工作。例如，四川省成都市利用互联网、信息技术手段，打造数字职业技能培训公共服务平台，也就是成都职业培训网络学院培训平台，通过汇集农民在该平台上的各种信息，包括网上学分、线下培训记录、职业资格证书等，为每一位农民建立农民职业培训电子档案。同时，政府与多家本地规模企业建立稳定的用工需求收集机制，将农民的电子档案与目标企业进行匹配，帮助农民就业，打通职业技能培训和就业的"最后一公里"。

第五，为了进一步提升新生代农民工的职业技能和就业质量，国家还鼓励和支持各类职业院校、培训机构与企业合作，开展订单式、定向式的培训项目。这样的合作模式能够确保培训内容与企业实际需求相匹配，提高培训的针对性和有效性。同时，国家还通过提供税收优惠、财政补贴等政策激励措施，鼓励企业参与农民工的职业技能培训，促进农民工向技能型、专业型人才转变。

第六，国家还注重提升农民工的就业服务质量，通过建立和完善就业服务平台，为农民工提供就业信息、职业指导、职业介绍等服务。这些服务能够帮助农民工更好地了解就业市场，找到适合自己的工作岗位，同时也有助于提高农民工的就业稳定性，扩大职业发展空间。

这些政策的实施，使新生代农民工得到了更好的职业技能培训和发展机会，为乡村振兴战略的实施提供了强有力的人才支撑。这不仅有助于提高农民工的收入水平和生活质量，也有助于推动农业现代化和农村经济的全面发展。

46. 乡村振兴过程中，国家为就业困难人群提供了哪些帮扶政策？

在推动乡村振兴的大背景下，国家特别关注那些在就业市场上处于不利地位的人群。在我国，就业困难人群可以分为四大类：第一类是年龄偏大的失业人员，即女性 40 周岁以上、男性 50 周岁以上的失业人员；第二类是连续失业一年及以上的人员，连续失业一年是指失业人员向社区做了失业登记之日起，一年及以上仍然未就业的人员；第三类是抚养未成年子女的单亲家庭和残疾人（有残疾证的）；第四类是夫妻双方都处于失业状态，家庭没有经济收入的群体。

为了有效帮助这些就业困难人员，国家采取了一系列具体而细致的措施。

首先，通过搭建就业平台，促进就地就近就业。例如，湖南省长沙市宁乡市制定专门的就业政策支持和鼓励用人单位招用农民工，特别是脱贫人口就业，帮助农民实现就近就业，减少他们因远离家乡而产生的额外生活成本和心理压力。

其次，建立就业援助制度，帮扶困难人员就业。例如，内蒙古鄂尔多斯市人社部门建立就业援助制度，对于困难就业人员实施一对一的针对性就业帮扶，并且每月开展就业帮助专项活动，加强就业援助补贴，帮助每一名困难人实现就业。

再次，加大就业补贴力度，缓解就业困难。比如，成都市武侯区通过"免申即享""应补尽补"等方式实现普惠性返补，发放稳岗返还、社保补贴、培训补贴等各项政策资金，帮助困难人员就业，缓解困难就业群体的就业压力。

最后，除了上述措施，国家还通过提供职业培训和教育机会，增强就业困难人员的职业技能和就业竞争力。例如，开展职业技能培训课程，这不仅教授具体的技能，还提供职业规划和求职技巧的指导，帮助他们更好地适应市场需求，提高就业成功率。此外，国家还鼓励和支持创业，为有创业意愿和能力的就业困难人员提供创业指导、资金支持和优惠政策，帮助他们通过自主创业实现就业。

综上所述，国家对于就业困难人群的帮扶政策是全面而细致的，旨在通过多种途径和措施，帮助他们克服就业障碍，实现稳定就业。这些政策的实施，不仅有助于提高就业困难人群的生活质量，也对促进社会和谐稳定和经济发展具有重要意义。在未来，随着乡村振兴战略的深入实施，将会有更多的创新政策和措施推出，以更好地满足就业困难人群的需求，帮助他们实现更加美好的生活。

47. 为什么说农民自主创业有利于乡村振兴的实现？

近年来，越来越多的农民工选择回乡创业，这一趋势打破了农村劳动力长期向城市和发达地区单向转移的旧格局，形成了新时代农民工回乡创业潮，这无疑为乡村振兴注入了一股新的力量。全国各地政府部门通过政策优惠积极鼓励返乡农民工自主创业，让农民从打工人变成了老板，形成了以创业带动就业、以就业促创业的良性互动新格局。那么如何才能实现农民自主创业呢？

第一，制定出台扶持农民工返乡创业的优惠政策，确保返乡创业政策落实落地，让越来越多的返乡创业者回得来、留得下、干得好、能致富。比如，湖南省邵阳市城步苗族自治县儒林镇新枧水村有一位叫熊子阳的返乡创业农民工。2018 年，熊子阳决定返乡创业，他在返乡后做的第一件事便是向当地政府了解返乡创业优惠政策，并将自己在外务工的积蓄作为第一笔创业资金，开办了林下鸡养殖专业合作社，带领全村村民开展养殖业，实现户均年纯收入增加 5 000 元。

第二，政府开展农民工职业技能专项培训，帮助农民做职业规划。例如，辽宁省沈阳市政府对农民就业制定了专门的扶持政策，以减轻农民工培训负担，让农民能够有机会学习职业技能。

第三，利用社会组织的力量帮助就业困难人员就业。例如，新疆维吾尔自治区利用生产建设兵团九师总工会开展乡村振兴定点帮扶工作并初步给出帮扶措施，即为定点帮扶职工找准致困因素，通过研判来制定帮扶计划。

第四，加快农村产业升级。四川省凉山彝族自治州喜德县易地扶贫集中安置点创业孵化基地推动种养产业加快升级，打造当地彝家特色文旅品牌，使得当地特色民族文化内涵不断丰富。该基地以 81 个易地扶贫搬迁集中安置点为核心，全力支持大学生、返乡创业农民工、残疾人等重点群体创新创业。基地内设创客空间、孵化办公、产品展示、会议培训、商务外摆等功能区域，可同时容纳 25 家初创企业集中办公，是集项目挖掘、项目培养、资源整合、服务推动等为一体的综合性创业孵化平台。

农民自主创业对乡村振兴的推动作用是多方面的。

首先，能够促进农村产业结构的优化和升级。随着农民自主创业的兴起，传统的农业产业链得以延伸，新的产业形态如农产品加工、农村电商、乡村旅游等不断涌现，这些新兴产业不仅为农民提供了更多的就业机会，也增加了农产品的附加值，提高了农业的整体效益。

其次，农民自主创业有助于提高农村居民的生活水平。随着创业活动的增加，农民的收入水平得到提高，这直接改善了他们的生活质量。同时，创业活动还能带动农村基础设施的建设和公共服务的提升，如交通、教育、医疗等方面的改善，这些都是提高农村居民生活水平的重要因素。

再次，农民自主创业有助于促进农村社会和谐稳定。农民工返乡创业，减少了农村地区的人口流失，有助于缓解城乡差距，促进农村社会的稳定。同时，创业活动还能带动农村文化的发展，丰富农村居民的精神生活，增强农村社区的凝聚力。

最后，农民自主创业对于保护和传承农村传统文化具有重要意义。在创业过程中，农民可以结合当地的文化特色，发展具有地方特色的产品和服务，这不仅能够促进文化产业的发展，还能保护和传承农村的传统文化。

为了更好地促进农民自主创业，政府和社会需要提供更多的支持和帮助。政府可以通过提供创业培训、资金支持、税收优惠等措施，降低农民创业的门槛，激发他们的创业热情。同时，社会各界也可以通过提供技术支持、市场信息、法律咨询等服务，帮助农民解决创业过程中遇到的问题。总之，农民自主创业是实现乡村振兴的重要途径，能够提高农民的生活水平，促进农村经济的发展，还能促进农村社会的和谐稳定，保护和传承农村的传统文化。通过政府和社会的共同努力，农民自主创业将为乡村振兴提供强大的动力。

48. 国家为了实现乡村振兴，为农民创业提供了哪些优惠政策？

对于回农村创业的农民，国家和地方政府提供了一系列的优惠政策，以鼓励和支持农村创业活动。这些政策主要体现在资金、税收、金融扶持、创业场地优惠以及特定行业补贴等方面。以下是一些具体的优惠政策。

第一，简化农村创业审批流程，提供税收优惠等政策支持。浙江省嘉兴市将通过"稳企拓岗增就业"专项行动，对企业推行"免申即享""直补快办"优惠政策。落实到具体做法，则体现在继续落实阶段性降低失业保险费政策、鼓励金融机构用好用足"再贷款"等央行政策工具、构建常态化援企稳岗帮扶机制等方面，同时加强实施与灵活就业相适应的政策措施。

第二，组织专业培训团队，为农民提供创业技能培训。河北省通过对返乡农民工实行电商培训政策，让村民们学会通过电商直播来销售商品，从而增加收入。

第三，多措并举让创业担保贷款政策落地。四川省雅安市石棉县人社局为了支持当地农民创业，减轻农民的创业资金压力，专门为创业的农民提供担保贷款，解决农村创业资金不足的后顾之忧；并且扶持重点群体创业，激发农民群体创业的积极性和主动性。

第四，提供创业场地优惠。一些地方政府为返乡创业的农民提供创业园区、孵化基地等场地支持，降低他们的创业成本。这些场地通常配备有完善的基础设施和服务，为农民创业提供了良好的环境。

第五，提供特定行业补贴。对于农业、林业、渔业等特定行业的农民创业者，国家和地方政府会提供一定的补贴，以鼓励他们发展这些对乡村振兴至关重要的产业。

第六，鼓励科技创新。国家鼓励农民创业者采用新技术、新方法，以提高生产效率和产品质量。对于采用科技创新的农民创业者，国家会给予一定的奖励和支持，以促进农业的现代化和可持续发展。

第七，加强法律服务和市场信息服务。政府通过提供法律咨询、市场分析等服务，帮助农民创业者解决创业过程中可能遇到的法律问题，从而应对市场风险。

第八，提供市场准入便利。针对农民创业者，政府降低了市场准入门槛，简化了注册流程，使得农民能够更容易地进入市场，进行商业活动。

第九，提供技术支持和咨询服务。政府通过建立农业科技推广站、农业信息服务平台等，为农民提供种植、养殖、加工等方面的技术支持和咨询服务，帮助他们提高生产效率和产品质量。

第十，鼓励农村集体经济发展。政府鼓励和支持农村集体经济组织发展。集体经济的发展能够带动农民创业，提高农民的收入水平。

通过这些优惠政策的实施，国家和地方政府为农民创业提供了全方位的支持，不仅促进了农村经济的发展，也有助于实现乡村振兴的战略目标。同时，有助于激发农民的创业热情，提高他们的创业成功率，从而推动农村经济的多元化发展，增加农民收入，提高农民的生活质量，促进农村社会的和谐稳定，保护和传承农村的传统文化。

49. 国家金融信贷方面对农民有何扶持？贴息政策是怎样的？

近几年，党中央和国务院对农村金融改革发展工作非常重视，并且颁布了一系列政策，进行了全面的部署。中央综合运用各种手段，包括税收优惠、贴息、奖补、保费补贴等，完善各项优惠政策扶持体系，创新各种政策工具，推动农村金融良性发展，实现农村经济稳定增长、农村产业结构优化、农民就业机会增加。

第一，为了推动农村金融发展，需要扩大农民群体的贷款主体范围，让更多的农民能够通过贷款获得资金支持。例如，辽宁省扩大了本省农民创业需要贷款担保的主体范围。不再只为规模农业生产的创业主体提供贷款担保，对于从事小规模农业生产且需要贷款的农民，政府也为其提供单款担保，并且提升了担保贷款的额度。辽宁省还通过提高财政贴息承担比例来减轻省内经济困难地区农民的资金压力，其余的都由辽宁省财政政策承担。这一措施有效降低了农民融资的难度，使得更多的农民能够借助金融力量发展自己的产业。

第二，降低贷款申请条件。贵州省毕节市赫章县人民政府印发了《关于进一步做好创业担保贷款工作的通知》，放宽了贵州省的农民创业申请贷款的户籍限制，只要户籍在赫章县内且符合规定条件的农民都可以作为贷款申请的主体。另外，政府也不再要求贷款对象个人及其家庭成员 5 年内没有商业银行贷款记录，而改为符合条件的申请人在提交创业担保贷款申请时，其本人及其配偶没有其他贷款即可申请。这一政策的实施，进一步降低了农民申请贷款的门槛，使得更多有创业意愿的农民能够得到金融支持。

第三，放宽对农民创业申请贷款提供担保和贴息的政策。比如，对于已享受财政部门贴息支持的农民创立小微企业需要贷款担保的，有的地方政府一般通过创业担保贷款担保基金的形式提供担保。对于信用额度较高的农民，比如及时还贷的或者带动其他村民一起致富的农民，政府通过提供创业担保贷款贴息的方式为其做贷款担保。例如，四川省政府各部门联合制定政策，为四川省内各类农民创业的企业主体制定了多项金融支持政策，其中农信系统为农村集体经济组织提供的贷款授信额度最高可达 500 万元。这不仅减轻了农民的经济负担，也激励了农民积极参与创业，促进了农村经济的活跃和发展。

在实施这些政策的过程中，政府还注重加强与金融机构的合作，确保政策能够落到实处。例如，通过与银行和其他金融机构的合作，政府能够更有效地推广贷款产品，同时也能够为农民提供更多的金融知识和咨询服务。此外，政府还鼓励金融机构开发更多适合农村市场的金融产品，如针对特定农作物的保险产品，以及针对农村小微企业的贷款产品。这些产品能够帮助农民更好地管理风险，同时也能够为他们提供更多的发展机会。

在推动农村金融发展的同时，政府还注重保护农民的利益，确保金融政策的公平性和可持续性。为此，政府建立了一系列的监管机制，以确保金融机构在提供贷款和金融服务时，能够遵循公平、公正的原则，同时也能够考虑农民的实际需求和承受能力。这些监管措施有助于维护农村金融市场的稳定，同时也能够保障农民的合法权益。

　　这些政策的实施，可以使农民获得更广泛的金融服务，降低创业风险，增加收入，从而推动农村经济的多元化发展，提高农村居民的生活质量，促进农村社会的和谐稳定。总的来说，国家金融信贷政策的实施，不仅为农民提供了资金支持，也为他们提供了更多的发展机会和更好的生活条件，这对于推动农村经济的发展和实现乡村振兴具有重要的意义。

50. 针对农产品销售难的问题，政府提供了哪些解决对策？

　　农产品销售难的问题亟待解决。主要有以下方法。

　　一是畅通供应渠道。浙江省提供省内车辆专用通行证，保障省内跨市农产品能在 2 至 4 个小时到达目的地，确保了饲料、化肥等重要的农资产品能够及时供应。同时省内每个县都有专门的绿色通道，主要是对接重点物流企业，保障所运输的农产品能够快速到达指定的菜市场、生鲜超市、社区、农产品直销店等。

　　二是加强产销对接。首先，继续发挥农产品批发市场作为农产品销售渠道的主导作用，促进农产品生产和批发的有效对接。其次，在各大超市增加"菜篮子"农产品的储备和投放，保障农产品和超市的渠道对接。再次，采取直接销售直接供给、选择指定合作商业主体进行定点投放等方式，解决农产品滞销问题。最后，充分利用淘宝、天猫、拼多多等各大电商平台的优势，拓宽农产品销售市场，使农产品能够畅销全国各地。比如，辽宁省铁岭市昌图县委统战部按照全面振兴新突破三年行动方案及区域品牌培育工作计划，将昌图县的农资产品与"盒马鲜生"App 进行有效对接，大幅度提升了昌图县本地特色优质农产品的知名度和附加值。

三是加强创建，提升优质农产品比重。江苏省宿迁市宿城区着力调整农业结构，强化政策扶持和资金帮扶，发展绿色优质农产品，促进绿色农业提质增效。目前，全区已创建省绿色优质农产品基地——稻麦基地 6 个，基地内严格按照省绿色优质农产品基地技术方案实施"五统一"生产管理。同时，加强对基地工作的督查与巡查，通过对基地内开展农药零差率配供等新模式推广，保障基地农产品安全，实现绿色发展。

四是加大农产品品牌建设力度，提升农产品的市场竞争力。品牌化是提升农产品价值的重要途径。政府通过提供品牌建设指导、资金支持和市场推广服务，帮助农民和农业企业打造具有地域特色的农产品品牌。这不仅包括传统的广告宣传，还涉及社交媒体营销、故事营销等现代品牌推广手段。通过这些方式，农产品能够更好地向消费者传达其独特价值，从而提高消费者的购买意愿。例如，一些地区通过举办农产品展销会、文化节等活动，增强了消费者对当地农产品的认知和好感。

五是开展农产品市场信息服务，提供准确的市场信息。准确的市场信息对于农民合理安排生产和销售至关重要。政府通过建立和完善农产品市场信息服务平台，为农民提供实时的市场供需信息、价格走势分析等。这些信息可以帮助农民更好地预测市场变化，避免盲目生产和低价竞争，从而减少经济损失。此外，政府还通过移动应用程序、短信服务等方式，将市场信息直接发送给农民，确保信息的及时性和有效性。

这些策略的实施，有助于解决农产品销售难题，同时也推动了农业的持续发展和农民生活水平的提升。这些政策共同促进了一个更稳定、更高效、更公正的农产品市场环境的形成，为农民和消费者带来了实实在在的好处。

51."双创"政策对农民创业有什么影响？

党的十九大报告强调了要"激发和保护企业家精神，鼓励更多社会主体投身创新创业"。近几年，各地乡村分别出台了许多鼓励"双创"的特殊优惠政策，这些政策包括通过简政放权改善当地的营商环境，通过资金补贴等金融手段支持农民创新创业。全国各地的优惠政策促进了城乡之间的密切交流，并且一大批有实力的企业不断落户在各大乡镇，为当地注入了新的活力。"双创"政策的影响具体表现为以下三个方面。

第一，各地农村迎来了一股创新创业的热潮，这无疑为农业农村现代化的建设注入了新动能新活力。首先，通过培育新型职业农民，壮大农村"双创"主体的范围。其次，通过制定各种优惠激励政策，为农村"双创"政策的落实营造了非常好的制度环境。

以四川省成都市金堂县为例。金堂县位于成都东北部，面积 1 156 平方公里，农村劳动力资源丰富。近年来，该县以"农村双创"为抓手，推动农民工返乡创业，创建了全国农村创业创新基地 3 个，产业基地 1 658 个，创业人数达 3.8 万人，带动就业 26 万人，成为全国典型县。金堂县实施"六个结合"战略，根据地形地貌和乡村发展方针，规划六大产业发展区域，建立扶持政策，推进乡村人才创业创新。具体措施包括以下几类。山丘+林旅融合：政府建立经济林发展鼓励机制、生态林补偿机制，引导企民共建，开展林业生态经济创业创新；沟壑+主导产业：政府提供基础配套，出台粮食专项补助政策，引导种粮大户、水果业主等发展农特产品；村落+特色产业：政府集成政策支持，盘活农村资源，推动返乡能人和村民开展"一村一品"创业创新；园区+农产品加工：创办专业化加工园区，引导双创主体发展现代农产品加工业；廊道+高端农业：通过院县合作等方式，支持双创主体开展农业技术研发推广；街区+创新业态：开展技能培训等，引导高知人群等开展农村电商等创业创新；探索"五类模式"，理顺"双创"主体在产业链中的定位，使其发挥龙头企业引领作用，推进农业产业规模化、链条化发展，包括园区联动、企业带动、产业连接、联合互动、乡贤引领等模式。此外，金堂县还鼓励"双创"主体参与乡村发展、建设、治理，担任基层组织重要职位，从而引领产业发展，促进农业高质高效、乡村宜居宜业、农民富裕富足。通过一系列举措，金堂县全面激发了"双创"活力，推动了乡村振兴。

第二，丰富了农村"双创"的实践经验，为以后乡村振兴战略的实施积累了丰厚的资源，带动农民就业增收。例如，浙江省湖州市实施了以"组织创强、队伍创优，全域提升、全面过硬"为主要内容的"双创双全"组织力提升工程，实现了农村创新创业联合、多元的发展模式。湖州市练市镇"强村公司"通过开展以种植"红美人"柑橘为主的生态休闲农业，带动200余名农户就业增收。公司由23个村集体出资组建，种植面积达530亩。湖州市委组织部表示，"强村公司"实施"造血"项目，将助力清零全市233个村集体中经济年收入50万元以下的村。

同时，湖州市积极推进党建联盟建设，通过条块融合增强基层党组织作用。如东白鱼潭小区铁栅栏损坏问题，由街道牵头，6家联盟单位共治，及时修复并加强安全管理。党建联盟及时解决"关键小事"，变"灭火"为"防火"，提升基层治理效能。

第三，打造农村创新创业升级版的新思路新举措。例如，辽宁省持续深化农村环境包保责任制，加快形成分层级、多主体、全流程闭环管理，全力构建系统化、专业化、社会化环境卫生管护机制。统筹设施布局，打破城乡和区划界限，规划共享终端处理设施，统筹县乡村三级设施建设和服务，加快实现处置体系自然村全覆盖。重点工作包括：坚持规划引领，科学编制"多规合一"的村庄规划，因地制宜、因村施策；充分发动群众参与，强化正向激励，培养懂农业、爱农村的人才。

综上所述，一要创新方式方法，建立长效治理机制，构建系统化、专业化的环境卫生管护体系。二要统筹设施布局，实现处置体系全覆盖，推动基础设施改造提升。三要开展补短板强弱项建设，打造乡村旅游重点村、美丽宜居村等，巩固整治成果。四要拓展投融资渠道，调动社会力量参与农村环境基础设施建设和运营。这些措施能够推动农村环境整治与乡村振兴有机结合，实现可持续发展。

52. 农民如何结合互联网进行创业，从而实现产业振兴？

"互联网+农业"是指要将互联网、区块链、大数据等现代化信息技术与农业的发展相结合，创新基于互联网平台的现代农业新产品、新模式与新业态。要按照"互联网+农业"的发展模式，通过信息支撑、加强管理协同，实现高效产出安全的产品，既节约了资源，也保护了环境，促进了我国现代农业发展升级。各地的农村主要在以下两个方面发展"互联网+农业"模式。

第一，鼓励农民在拼多多、淘宝等大型电商平台开设店铺，销售农产品；或通过自己的微信公众号或小程序进行销售。农民可利用互联网平台的便利性，将自己的农产品销售到全国各地，提高自己的收入。

例如，浙江省湖州市和孚镇人大加大对电商农户的培育和支持力度，搭建多样电商平台，随时跟进农产品的销售情况，发挥当地人民代表大会的独特优势，随时为果农提供服务，大力推进特色农产品的销售和广告宣传，为和孚乡村振兴做出贡献。近年来，和孚镇人大积极采取措施，确保果农收入增长。通过实地调研，深入了解果农在销售过程中遇到的困难，如在采摘、分拣、包装和运输等环节中遇到的困难，并提供相应的解决方案，以拓宽果农的增收途径。

为了提升果农的电商销售能力，和孚镇人大邀请电商行业专家和资深销售人员，为果农开展电商培训。培训内容涵盖注册网店、产品上架、直播推广以及物流配送等环节，使果农能够快速掌握电商销售的全过程。果农表示，通过培训，自己已从电商新手成长为熟练的销售人员。新的销售渠道不仅拓宽了销路，也显著提高了果农的收入，使他们的经济状况得到了改善。

随着电商果农群体的日益壮大，和孚镇人大继续探索创新销售模式和途径。通过组织电商从业者建立鲜果快递发货网点，实现了线上线下相结合的销售模式。这不仅能让更多的优质农产品进入市场，也为乡村经济的振兴和农产品营销的创新突破提供了有力支持。

第二，鼓励农民利用互联网平台发展农村旅游。农民可通过开设民宿、农家乐等形式，将自己的家庭农场变成旅游景点。农民可将民宿和农家乐信息发布到各大旅游网站上，吸引更多的游客前来体验农家生活。农民还可通过自己的微信公众号或小程序进行宣传，提高自己的知名度和收入。

例如，北京市朱家湾村整合旅游资源，与农业企业紧密合作，充分用好"互联网+乡村旅游"模式，打造"蜗牛小镇"生态农场、"中草药科技观光园"等农业休闲旅游产业，有效提升了农民收入。该村引入农业科技企业和合作社，发展特色农业，修建精品民宿，同时推出生态旅游项目促进消费。

比如，"蜗牛小镇"生态农场借鉴国外经验，打造综合性农场，培育精品民宿，种植有机果蔬，直接带动农民就业增收。面对疫情影响，当地政府利用互联网资源，协调电商平台，帮助农业企业和合作社解决销售和资金问题，实现平稳经营。此外，政府还帮助"蜗牛小镇"调整经营方式，如通过电商推广产品、申请补贴，取得了显著成效。

通过一系列举措，朱家湾村推动了农业与旅游的深度融合，打造了全季全域旅游新业态，为乡村振兴提供了有力支撑。

四 乡村法治篇

53. 什么是法治乡村建设？法治乡村建设的意义是什么？

法治乡村，是以乡村振兴战略为时代背景，以实现乡村"有效治理"为历史使命，提倡约束乡村公共权力、规范乡村事务运行、保障农民权利。法治乡村建设的重要意义如下。

法治乡村建设是乡村基层治理的有效手段。近年来，乡村振兴战略的推进对农村治理要求越来越高，人与人之间的关系也变得越来越复杂。法律作为有效的治理手段，能调整乡村社会治理秩序，维护乡村的和平有序发展。创建"民主法治示范村"是深化基层民主法治建设的关键行动，对于加强基层普法教育、实施"八五"普法规划具有重要意义。这一举措也是构建社会主义新农村和推动乡村振兴战略的关键环节。

2020年，北京市窦店村对村内窦店小学前的公园进行了全面升级，街道两旁铺设了地砖，补种了绿化植物，使环境变得更加整洁美观。为了进一步推动"民主法治示范村"的建设，村党委经过深入研究，决定将该公园打造成为普法教育的新平台。通过将法治元素与公园景观巧妙结合，增设法治文化宣传设施，普及与群众生活紧密相关的法律知识，公园成为群众学习法律、感受法治精神的场所。

在公园散步或健身时，群众可以轻松学习法律知识，潜移默化地接受法治文化的熏陶。这种创新的普法方式，让法治宣传更加贴近群众生活，有效提升了普法工作的吸引力和感染力，使法治精神在群众心中生

127

根发芽。

法治乡村建设是法治社会建设的重要基石。如果基层治理不好，社会治理和国家治理就无从谈起，乡村是社会治理体系的基础，只有治理好乡村才能治理好整个国家。例如，四川省成都市郫都区唐昌镇先锋村以其独特的"九大碗"工作法，成为基层治理的标杆，这一方法体现了"党建+自治、法治、德治"的"一核三治"理念。在这一治理模式下，政府、村委会和村民各自承担不同的职责，共同推动村庄的发展。

政府负责村庄的规划设计；村委会负责基础设施建设，包括污水管网铺设、道路修建和外围景点打造；村民则参与改水、改厕、改习惯、院落整治和产业植入等具体工作。这种"打平伙"的方式，清晰划分了各方的职责，促进了共建共治共享的理念深入人心。

先锋村党支部通过自营示范产业，不仅实现了村庄的繁荣，也为村民提供了发展家庭产业的信心和动力。村民通过培育自家产业，实现了在家就能增收的目标，这不仅使村民更加富裕，也有助于留住原住民，推动村庄的可持续发展。通过这种分工合作、各司其职的治理模式，先锋村有效激发了村民的参与热情，为基层治理提供了有益的借鉴。

法治乡村建设是实现乡村良法善治的有力武器。作为基层治理的"压舱石"与"金钥匙"，法治建设对于乡村振兴具有重要意义。例如，福建省三明市将乐县近年来以法治建设为乡村振兴的基石，通过党建引领，深耕乡村法治土壤，创新乡村治理体系，实现了自治、法治、德治相结合的治理模式。2023 年，将乐县在乡村法治建设方面取得显著成效，其中常口村成为法治创建典型。将乐县的党建引领为乡村治理注入活力，强化了党组织在农村治理中的领导作用。常口村通过党支部建设，培养法律明白人，推动法治教育，实现了村财增收和民生改善，获得了多项荣誉。

依法治理是将乐县基层治理体系的保障，通过建立多元调解中心、法律服务站点，将乐县培育了法律明白人和法治带头人，提供法律服务，增强村民法治意识，推动村务法治化。

德治是基层治理体系的支撑。将乐县通过文明实践活动，倡导社会主义核心价值观，开展道德评议，引导村民做文明践行者，营造和谐乡风，推动精神文明建设，涌现出众多道德模范和新时代好少年，有效提升了农村文明程度。

54. 当前法治乡村建设中的突出问题是什么？

当前，我国城乡经济发展水平、教育水平等各方面存在较大差距，导致农村法治建设水平与城市法治建设水平存在很大差距。我国农村法治建设过程中存在的突出问题包括农民的法治观念落后，以及法治信仰的缺失。这种信仰的缺失，往往源自农民对法律知识了解的不足，以及法律服务的缺乏。另外，经济基础决定上层建筑，农村法治建设必然受农村经济发展的制约。目前，乡村法治建设中存在的问题主要有以下三方面。

第一，尽管我国在农村法律制度建设方面取得了一定进展，但仍有一些领域需要进一步完善。在我国现有的法律法规中，专门调整农村经济发展、社会关系的法律条文还不够丰富，这在一定程度上影响了农村特有问题的解决。例如，在处理农村特有的土地流转、环境保护、集体资产管理等问题时，虽然有一些法律法规可供参考，但往往缺乏直接且有效的具体规定。再加上我国的城镇化进程不断加快，大量农民进城务工，他们在迁移过程中遇到的劳动权益保护、子女教育、医疗卫生等方面的问题，也迫切需要相应的法律规范来指导和解决。《中华人民共和国乡村振兴促进法》等法律的出台为农村法治建设提供了新的方向，为解决这些问题奠定了坚实的基础。

第二，受历史和传统的影响，我国农村地区在法治建设方面仍面临一些挑战。在一些地方，人们习惯于依赖个人关系而非法律规范来解决问题，这种现象在一定程度上影响了法治的公正性和权威性。在一些乡村地区，人们由于文化水平相对较低以及受传统观念的影响，遇到纠纷时，更倾向于通过家族长辈或村里有威望的人来调解，而不是寻求法律途径。为了提升基层群众组织的执法效能，需要加强对村委干部的法律知识培训，提高他们的法治意识，确保在处理纠纷和问题时采取的措施有法律支撑，从而避免矛盾的加剧。

第三，普法教育宣传不到位，村民法治意识淡薄。农村地区普法教育的不足，不仅表现在法律知识的普及上，还体现在法律实践能力的培养上。大量农村青壮年外出务工，留在农村的多为老年人和儿童，他们对于法律知识的认知度相对较低，加之传统观念的影响，使得普法工作面临更大的挑战。传统的普法方式，如发放宣传册、举办讲座等，已难以满足当前农民的实际需求，急需更加贴近农民生活、更易于理解和接受的方式。虽然和过去相比，农民的法治意识有所提升，但是在具体的实践中，村委干部和村民仍然较缺乏依法维权、依法办事的能力，其守法、用法的意识有待提高。

针对这些问题，可以从以下三个方面着手解决。

一是加强农村法律制度建设。要从农村实际情况出发，制定和完善符合农村特点的法律法规。这包括农村土地、资源管理、环境保护、农民权益保护、农村社会治理等方面的法律规范。

二是提升基层治理法治化水平。加强基层干部的法律培训，提高他们的法治意识和法律素养，从而使他们在处理农村事务时能够依法行事。同时，也需要加强基层执法机构的建设，提高执法效能和公信力。

三是创新普法教育方式。利用现代信息技术开展形式多样、内容丰富的普法教育。可以通过分析案例、模拟法庭、提供法律咨询服务等形式，增加普法教育的互动性和实用性，提高农民的法律意识和法律实践能力。

这些措施可以有效提升农村法治建设水平，增强农民的法治观念，促进农村社会的和谐稳定。

55.《中华人民共和国乡村振兴促进法》的内容主要体现在哪些方面？

《中华人民共和国乡村振兴促进法》（以下简称"《乡村振兴促进法》"）的出台，标志着我国在全面推进乡村振兴战略上迈出了坚实的步伐，为实现农业农村现代化提供了有力的法律保障。这部法律共十章七十四条，可分为总则、五大振兴、城乡融合、扶持措施、监督检查五大板块，覆盖了乡村振兴的多个关键领域。

第一，强调了党在乡村振兴战略中的领导地位。《乡村振兴促进法》在原则、内容、主体等方面，都一以贯之地强调要在党的领导下走中国特色社会主义乡村振兴道路。这体现了党对农村工作的全面领导，确保乡村振兴战略的正确方向和有效实施，同时也强调了各级党组织在乡村振兴中的引领和推动作用。

第二，坚持全面地乡村振兴。《乡村振兴促进法》对于乡村振兴的内容进行了全面的规定，从经济、政治、文化、生态到人才、产业的振兴，面面俱到，为乡村振兴的实施提供了健全的制度体系和法律依据。这表明乡村振兴不仅仅是经济发展，还包括社会、文化和生态等多个层面的提升，旨在实现农民增收、农村繁荣和农业现代化。

第三，自始至终强调农民作为乡村振兴战略的主体地位，必须保障农民的合法权益。《乡村振兴促进法》自始至终都坚持乡村振兴的关键在于农民。乡村振兴战略既要让农民参与，也要做出好成绩，获得农民的支持，最终的战略成果也要让农民获益。这意味着法律在制定和实施过程中，要始终将农民的利益放在首位，确保他们在乡村振兴中能够获得实实在在的好处，包括提高收入、改善生活条件和享受更好的公共服务。

同时，《乡村振兴促进法》还进一步细化了乡村振兴的各个方面。

第一，推动产业振兴。《乡村振兴促进法》明确提出要优化农业产业结构，发展多种形式的农业经营体系，推动农村一、二、三产业融合发展，提高农业综合效益和竞争力。这包括支持农业科技创新，提升农产品的质量和竞争力，鼓励发展乡村旅游、农村电商等新业态，增加农民收入。

第二，加强人才支撑。《乡村振兴促进法》强调要建立和完善农村人才培养、引进和激励机制，鼓励各类人才投身乡村振兴，为农业农村现代化提供智力支持。这涉及加强农民职业教育和技能培训，提高农民的科技文化素质和经营管理能力，同时吸引更多城市人才到农村创业和工作。

第三，促进文化繁荣。《乡村振兴促进法》提出要加强农村文化建设，保护和传承农村优秀传统文化，同时推动乡村文化创新，丰富农民文化生活，提升乡村文化软实力。这包括支持乡村文化设施建设，开展形式多样的文化活动，以及加强农村文化遗产的保护和利用。

第四，保障生态宜居。《乡村振兴促进法》强调要坚持绿色发展理念，加强农村生态环境保护和修复，推动农业可持续发展，建设美丽乡村。这涉及加强农村环境治理，推广生态农业和绿色生产方式，同时提高农民的环保意识和参与度。

第五，加强组织建设。《乡村振兴促进法》提出要加强农村基层党组织建设，完善乡村治理体系，保障农民民主权利，提高乡村治理效能。这包括加强农村基层民主建设，推动村务公开和民主管理，同时提高农村基层组织的服务能力和管理水平。

第六，推动城乡融合。《乡村振兴促进法》明确要优化城乡布局，推动城乡基础设施互联互通，实现公共服务均等化，缩小城乡发展差距。这包括推动城乡规划一体化，加强农村基础设施建设，提高农村教育、医疗、文化等公共服务水平。

第七，提供政策扶持。《乡村振兴促进法》明确了政府在财政、税收、金融、土地等方面的支持措施，为乡村振兴提供有力的政策保障。这涉及增加对农业和农村的财政投入，实施税收优惠政策，提供金融支持和土地保障，以促进农业和农村的持续发展。

第八，强化监督检查。《乡村振兴促进法》规定了各级政府和相关部门在乡村振兴中的职责，明确了监督检查和问责机制，确保乡村振兴战略的有效实施。这包括建立乡村振兴工作评估体系，加强监督检查和绩效评价，确保各项政策措施落到实处。

56.《中华人民共和国乡村振兴促进法》的重要意义是什么？

《中华人民共和国乡村振兴促进法》（以下简称"《乡村振兴促进法》"）以国家实施的乡村振兴战略为立法基础，同时，根据目前我国乡村发展过程中面临的一些矛盾和突出问题，通过法律和制度的形式，让乡村振兴战略有法可依，具有可操作性和实用性，促进了乡村振兴战略更好地实施。具体而言，该法的重要意义表现在以下方面。

第一，《乡村振兴促进法》为乡村振兴战略的实施提供了法律保障。与过去出台的有关农业、农村的法律相比，《乡村振兴促进法》的内容全面，涉及经济发展、基层治理、组织领导、环境保护、文化传承等各方面的问题。这部法律的制定，确保了乡村振兴的各个方面都有法可依，为乡村的全面发展提供了坚实的法律支撑。这部法律为乡村振兴提供了全方位的保障，有利于提高农民生活水平，推动农业农村现代化，促进城乡融合发展。

第二，《乡村振兴促进法》在强调发展乡村经济的同时，要重视生态环境的保护和传统文化的保护和传承。这体现了法律对乡村多元价值的重视，旨在实现经济发展与生态环境、文化传承的和谐共生。这部法律的出台，意味着国家将加大对乡村生态和文化遗产的保护力度，强调建设美丽乡村、宜居乡村。

第三，《乡村振兴促进法》强化了乡村振兴战略的政策支持。《乡村振兴促进法》明确提出要加大对乡村振兴的支持力度，包括财政、金融、土地等方面。这显示了国家对乡村振兴的重视程度，以及通过政策扶持来推动乡村发展的坚定决心。这些政策支持将有助于吸引更多的人才、资金和技术流向乡村地区，促进乡村经济发展。

《乡村振兴促进法》的颁布，不仅是对现有农业法律体系的补充和完善，也是对乡村振兴战略实施过程中出现的新情况、新问题的积极回应。它涵盖了从农业生产、农村社会治理到农民生活改善等各个方面，旨在通过法律手段，解决乡村振兴中的实际问题，推动乡村全面振兴。

在具体实施层面，《乡村振兴促进法》强调了以下四个关键点。首先，明确了各级政府及相关部门在乡村振兴中的职责和任务，确保各项政策措施能够得到有效执行。其次，提出了一系列具体的扶持措施，如财政补贴、税收优惠、金融支持等，以降低农业生产成本，提高农民收入。再次，强调了环境保护和生态建设的重要性，倡导绿色发展理念，以实现农业可持续发展。最后，还关注了农村文化传承和创新，鼓励保护和发扬农村优秀传统文化，提升乡村文化软实力。

总之，《乡村振兴促进法》的出台，是我国农业农村发展史上的一件大事，为乡村振兴战略的深入实施提供了有力的法律保障和支持，标志着我国乡村振兴进入了一个新的发展阶段。随着该法律的逐步实施，我们有理由相信，我国的农业将更加强大，农村将更加美丽，农民将更加富裕，乡村振兴的宏伟蓝图将逐步变为现实。

57. 集体土地征收中的公共利益审查的内容和意义是什么？

在乡村振兴的过程中，由于"公共利益"的模糊界定，征收部门在决定征收农村集体土地时，可能存在违背公共利益审查原则的情况，导致过度征收和土地资源利用效率低下的情况出现，从而造成资源浪费。这违背了乡村振兴战略实施的意图。通常来讲，公共利益是指整个社会成员共同享有的，是具有普遍性、基本性、不可侵犯性的社会利益，是公共权利的基础和目的。

公共利益的审查对农民和国家而言都非常重要。《中华人民共和国民法典》强调了公共利益优先原则，也就是说和集体利益、个人利益比起来，公共利益更重要。这意味着在做土地征收等决策时，政府必须将公共利益放在首位，确保决策的合理性和正当性。国家在做任何决策时，都要先考虑公共利益。

在乡村振兴过程中，为了完善农村的基础设施，促进农村的产业发展，政府会征收农民的土地或房屋用于修建公路、高铁或者产业园区等。这时，政府必须慎重考虑征收行为的必要性、合理性以及可能带来的影响。因此，政府要对征收目的进行严格审查，评估征收行为是否真正符合公共利益的需求，以及是否能够带来最大的社会效益。同时，政府还需要权衡征收行为对农民个人和集体的影响，确保征收过程的公平性和合法性。

政府在征收土地时，可以从以下两个方面来进行公共利益的审查。一是明确征收行为是否具有公共受益性，是否让农民受益。二是明确征收行为是否合法合理。公共利益的审查和界定是公共利益的实现以及公民合法权益的重要保障。比如征收农民的房屋用于修建公共基础设施的，就必须要出于公共利益的需要并且按照法定程序进行审批、公告、签订补偿协议，且要给予被征收者公平、合理的补偿。凡是征收拆迁中征收方提及为满足公共利益需要征收或拆迁的，政府除了考虑"征收拆迁要出于公共利益的需要"外，还要保障被征收农民原有生活水平不降低、长远生计有保障。

在实际操作中，公共利益审查还应包括以下四个方面：一是对征收目的的明确界定，确保征收行为服务于公共利益而非个别利益集团；二是对征收范围和规模的确定，避免过度征收；三是征收程序的透明公开，让农民能够充分了解征收的相关信息和他们的权利；四是对补偿标准的公正设定，确保农民得到应有的补偿和安置。

这些措施可以确保集体土地征收过程中公共利益得到妥善维护，同时保障农民的合法权益不受侵害。这不仅有助于提高土地资源的利用效率，避免资源浪费，还能够促进乡村振兴战略的顺利实施，实现农民富、农村美、农业强的目标。公共利益审查的有效实施，是实现乡村振兴战略中土地资源合理利用和农民权益保护的重要环节。

58. 在新修订的《中华人民共和国土地管理法》《中华人民共和国土地管理法实施条例》中，集体土地征收的法律程序是什么？

新修订的《中华人民共和国土地管理法》（以下简称“《土地管理法》”）的土地征收程序力求吸纳多方主体参与其中，通过透明、科学的程序运行为实体正义提供保障。为了公共利益的需要，征收农民集体所有土地的，需履行以下程序。

第一，政府立项。一个新的建设项目是根据土地利用总体规划或国土空间规划确定的，由具体的建设单位提出建设项目立项的申请，经市、县级人民政府会议讨论通过后，由发展和改革委员会或有批准权的部门批复立项，至此建设项目的立项工作基本完成，具体细节可根据实际情况确定。这一步骤是整个土地征收流程的起点，确保了建设项目符合规划要求。

第二，公共利益审查。征收集体土地需要符合新《土地管理法》第四十五条对于公共利益审查的规定。这一环节是法律赋予的重要保障，用以确保征收行为真正服务于公共利益，而非其他。

第三，发布征地公告。由县级以上地方人民政府发布不少于10个工作日的征地公告，以确保被征地农民能够及时了解征收信息。

第四，土地现状调查和社会稳定风险评估。由县级以上地方人民政府组织开展拟征收土地现状调查和社会稳定风险评估，同时开展社会稳定风险评估，编制土地现状调查表、社会稳定风险评估表等。

第五，发布土地征收补偿安置方案公告。县级以上地方人民政府的负责部门发布不少于30日的土地征收补偿安置方案，并发布土地征收补偿安置方案公告，以便收集公众意见。

第六，听证程序。如果超过半数被征地的农村集体经济组织成员认为拟定的征地补偿安置方案存在问题，则县级以上地方人民政府必须要组织听证，并根据听证结果对征地补偿安置方案进行修改完善。

第七，签订征地补偿安置协议。经过听证程序确定好征地补偿安置方案后，县级以上地方人民政府应当组织有关部门与被征收土地的所有权人、使用权人签订征地补偿安置协议。

第八，申请征收土地。只有在以上规定的征地程序完成后，县级以上地方人民政府才可以向有关部门申请征收土地。对于不愿意签订拆迁安置补偿协议的村民，应当在申请征收土地的文件中予以说明。

第九，审批和公告。征收土地的申请通过审批程序后，县级以上地方人民政府应当自收到批准文件之日起15个工作日内发布土地公告，公告发布在拟征收土地所在的乡和村、村民小组范围内。

在整个征收过程中，负责批准土地征收文件的人民政府还需对征收土地的必要性、合理性、是否符合公共利益以及是否符合法定程序进行严格审查。这一审查机制是保障征收合法性和公正性的关键环节。对于没有签订拆迁安置补偿协议的村民，如果审批部门准予征收，那么依法组织实施拆迁工作即可。这确保了即使有不同意见，征收程序仍能依法依规进行。新《土地管理法》和《中华人民共和国土地管理法实施条例》旨在确保集体土地征收过程更加公正、合理，同时充分保护农民的合法权益。

59. 农村宅基地的"三权"分置的政策内容是什么？

宅基地"三权"分置的概念首次出现在 2015 年 2 月十二届全国人大常委会授权国务院在北京市大兴区等三十三个试点县（市、区）开展宅基地制度改革试点的过程中。农村宅基地"三权"指的是宅基地的所有权、资格权和使用权。具体含义如下：

第一，宅基地所有权。宅基地所有权是指农村集体经济组织对其所有土地的所有权，这是农村土地集体所有制的体现。宅基地虽然是由村民来使用，但是其所有权属于农村集体经济组织的成员共同所有。因此，村民不能对宅基地进行物权处分，不能买卖或者抵押宅基地，只能在宅基地上按照土地利用规划修建房屋。

第二，宅基地资格权。宅基地资格权是指农村集体经济组织成员依法享有的申请和使用宅基地的权利。宅基地资格权的权利主体只能是本村集体经济组织的成员。宅基地资格权表明本村村民有资格在自己的宅基地上修建和改建房屋。宅基地资格权是村民申请建房审批的前提，如果村民不具有资格权，那么就无法在宅基地上建房。

第三，宅基地使用权。宅基地使用权是指宅基地及其地上房屋的占有人或使用人所享有的权利。村民在宅基地上修建房屋居住，就享有使用该宅基地的权利。与宅基地所有权不同，宅基地使用权的主体可以是该村集体经济组织之外的人。比如通过继承宅基地上房屋而拥有宅基地使用权的没有本村户口的子女。但是他们拥有的宅基地使用权会随着房屋的消失而消失，这是一种与房屋所有权紧密相关的权利。

"三权"分置明确了宅基地的所有权、资格权和使用权，有助于减少农村土地纠纷，保护了农民的合法权益。政策允许在一定条件下，宅基地使用权可以在集体经济组织成员之间或者与外部人员之间进行流转，这有助于提高农村土地资源的利用效率。而宅基地使用权的流转，可以使农民获得财产性收入，增加经济来源，促进农村经济的发展。通过合理利用和流转宅基地，有助于吸引资本投入农村，推动农村产业升级和乡村振兴战略的实施。

在实施"三权"分置政策的过程中，还需注意确保政策的实施不损害农民的合法权益，特别要保障他们对宅基地的合理使用权。要建立健全宅基地使用权流转的市场规则和程序，确保流转过程公开、公平、公正。政府应加强对宅基地使用和管理的监管，防止滥用土地和违法建设行为。

60. 国家对农村建房补贴有哪些优惠政策？

为贯彻落实乡村振兴战略，改善农村人居环境，提高农民生活质量，2024 年中央一号文件对农村建房补贴政策进行了调整和完善。通过加大补贴力度，鼓励农民按照规划要求进行住房建设或改造，以推动农村住房的标准化、现代化。

根据 2024 中央一号文件，下列人员可以申请农村建房补贴，具体如下。

一是农村贫困户。收入低于当地最低贫困线的家庭，如低保户、五保户等，居住条件恶劣者，可向当地部门申请建房补贴。这些家庭往往缺乏足够的经济资源来改善自己的居住条件，因此，国家的建房补贴对于他们来说，是改善居住环境、提升生活质量的重要支持。在乡村振兴阶段巩固脱贫攻坚成果，保障农村低收入群体住房权益，能确保弱势群体在住房改善方面得到有效帮扶。

二是被征地拆房用户。因国家建设需要征地拆房，失去住所者，在其他地方建房可申请补贴。

三是统一建房规划用户。家乡已被统一规划的，国家将发放建房补贴，一般由当地村集体经济组织统一发放。这种补贴方式有助于推动农村住房建设的统一规划和管理，提高农村住房的整体质量和美观度。具体补贴标准根据当地经济发展状况认定。

四是危房改造用户。农村危房改造项目持续推行，符合国家危房改造标准的家庭，可申请建房补贴。危房改造是保障农民住房安全的重要措施，补贴可以鼓励和帮助农民及时对危房进行改造，消除安全隐患。

此项补贴主要针对农村危房改造，如土坯房、濒临倒塌的房屋、严重漏水的无法居住房屋等。若农民在城市已有房产，其在农村的房屋即便濒临倒塌，也无法申请建房补贴。如有乡政府违规包庇，一经查实，将予以处罚。若国家需要征收房屋或进行乡村建房改造，国家将发放补助，助力建房。农村建房补贴具体包括农村房屋重建补贴、农村房屋修缮补贴。农村房屋重建补贴是针对贫困家庭因房屋濒临坍塌需进行重建的情况，这类家庭可向当地乡政府申请，提交相关资料、房屋照片，等待政府公布补贴名单。国家建房补贴标准一般为每间5 000元，具体以当地政府公布为准。农村房屋修缮补贴是针对农村贫困家庭房屋损坏的情况，国家可根据实际情况给予一定建房补贴。申请后，补助标准一般为每间 400～3 000 元，具体以政府公布为准。

农村建房补贴政策的实施，体现了国家对农村地区发展的重视和对农民生活的关怀。这些补贴不仅有助于改善农民的居住条件，还能促进农村经济发展和城乡一体化进程。

61. 当前农业行业中存在的主要法律风险是什么？

当前，我国农业行业在快速发展的同时，也面临着一些法律风险，这些风险可能会影响到农业生产的正常进行和农民的合法权益。这些风险可以分为三大类：土地使用环节的风险、流转交易环节的风险、流转监管环节的风险。

第一，土地使用环节的风险。土地是农民进行生产作业的根本，如何合法承包土地，减少土地流转过程中的纠纷非常重要。在土地使用过程中，特别是在土地承包、流转过程中，土地产权不明会导致市场交易不稳定，容易引发产权纠纷。因此，只有对承包土地的所有权、承包经营权、使用权、收益权的内涵和外延进行明确界定，才能使农村土地产权关系正常有效，减少交易风险。

第二，流转交易环节的风险。在土地流转过程中，如果违反相关法律法规或者政策规定，容易引发很多问题。另外，也存在合同违约和合同存在法律漏洞的风险。在土地流转过程中，集体经济组织不可避免地要签订土地流转合同，而合同是证明土地流转合法性的重要法律文件，如果合同条款不完整或者存在漏洞，会侵害农民的合法权益，导致合同纠纷，比如农村土地农地流转合同的签订、履行、违约责任追究等方面的风险。

　　第三，流转监管环节的风险。一方面，监管不力可能导致土地流转过程中的违法行为得不到及时纠正，如非法占用耕地、擅自改变土地用途等行为，这些都会严重损害农民的合法权益和农业生产的可持续发展。另一方面，监管机制的不完善还可能引发权力寻租和腐败问题，一些不法分子可能利用监管漏洞进行权钱交易，进一步加剧土地流转过程中的法律风险。此外，土地流转监管涉及多个部门和层级，如果各部门之间缺乏有效沟通和协调，也可能导致监管重叠或监管空白，从而影响监管效果。

　　除了上述风险外，农业行业还可能面临其他法律风险。农业生产过程中，如果违反环境保护法律法规，可能会导致环境污染问题，从而引发法律纠纷。因此，农业生产者需要严格遵守环境保护法律法规，采取有效措施减少农业生产对环境的影响。农产品质量安全问题是农业行业的另一大风险。如果农产品不符合国家质量安全标准，就会对消费者的健康造成威胁，农业生产者和销售者将承担法律责任。因此，农业生产者应当加强农产品质量安全管理，确保农产品的质量和安全。农业补贴政策的合规风险也不容忽视。农民和农业生产经营主体在申请和使用农业补贴时，必须遵守相关政策和程序，避免因违规操作而受到处罚。政府也应当加强对农业补贴政策的宣传和指导，帮助农民和农业生产经营主体正确理解和使用补贴政策。

通过有效识别和管理这些法律风险，可以保障农业行业的健康发展，保护农民的合法权益，促进农业产业的可持续发展。

62. 当前林业种植行业中存在的主要法律风险是什么？

从我国农村发展现状来看，林业种植行业中常见的法律风险可以归纳为民事法律风险、行政法律风险、刑事法律风险。

第一，民事法律风险。民事法律风险主要涉及合同纠纷，因为林业种植涉及诸多合同事务，如土地租赁、种苗采购、木材销售等。合同的签订主体一般是自然人、法人等，这些主体之间形成一个契约。但由于地区之间经济水平、管理水平、法律普及水平参差不齐，有些偏远农村地区在订立合同时不采取书面形式，而采取口头形式，导致发生纠纷时证据不足，给某些不诚信现象和个别不公正裁判提供了可乘之机。

第二，行政法律风险。目前，与林业种植行业相关的行政违法行为主要包括林木采伐、林地使用、木材运输三个方面。其中，与林木采伐有关的违法行为主要有盗伐林木行为；与林地有关的违法行为主要有毁林开垦行为；与木材运输有关的违法行为主要是非法运输木材行为。涉及行政违法的，将面临行政处罚，主要包括通报批评、罚款、没收财物或者变卖所得、责令补种树木等。

第三，刑事法律风险。与林业种植行业相关的刑事违法行为主要包括：故意毁坏森林、林木等财物，盗伐、滥伐森林或者其他林木。数量较大或者巨大的，以及非法收购、运输明知是盗伐、滥伐的林木，情节严重的，一旦触犯刑法，将面临管制、拘役、有期徒刑等刑罚。

除了上述风险，林业种植者还应注意其他潜在的法律问题，如环境保护和知识产权保护。在种植过程中，应合理使用化肥和农药，避免环境污染，同时尊重他人的植物新品种权和专利技术，避免侵犯知识产权。例如，对于新品种的研发和推广，应确保其已获得相应的品种权或专利授权，以免引发侵权纠纷。

通过增强法律意识、规范经营行为，林业种植者可以有效规避法律风险，保障自身合法权益，同时促进林业种植行业的健康发展和生态环境的可持续保护。此外，政府和相关部门也应加强对林业种植者的法律培训和指导，提高他们的法律素养，帮助他们更好地理解和遵守法律法规。这些措施的实施，可以使林业种植行业更加稳健和可持续地发展。

63. 当前畜牧业中存在的主要法律风险是什么？

近年来，我国畜牧业综合生产能力明显增强，在保障国家食物安全、繁荣农村经济、促进农牧民增收等方面发挥了举足轻重的作用，但畜牧业发展过程中面临很多法律风险，具体包括以下五方面。

第一，遵守环境保护法规的风险。遵守环境保护法规是确保可持续经营的关键。这类法规主要涉及废水和废物管理、大气污染控制、土地退化防治等。比如，牲畜产生的粪便和废水如果未经适当处理，可能会污染土壤和水体，破坏环境。

第二，职业健康与安全的风险。职业健康与安全在畜牧业中是一个重要的风险领域，要为畜牧业工作人员提供一个安全、健康的工作环境，避免工伤事故和职业病的发生。畜牧业的从业人员直接与动物接触、使用各种机械设备和化学制品，面临着较大职业健康安全风险。

第三，动物疫病管理与控制的风险。动物疫病管理与控制的风险指动物疫病在畜牧场或养殖场内未能得到有效控制。这些疫病可以是传染性的，既严重危害养殖动物的健康，也可能对人类健康和经济造成损害。法律规定了对动物疫病的报告、控制和防止措施。如果畜牧场未能遵守这些法律要求，可能会承担法律责任，包括罚款和其他法律制裁。

第四，饲料和药物使用的风险。畜牧业中不可避免地要用到饲料和药物，饲料和药物的使用是为了保障牲畜的健康生长，从而保障农民的生产收益。然而，如果农民在养殖牲畜时，不按规定使用饲料添加剂和兽药，可能会引发严重的问题，例如毒性反应或药物残留，使得牲畜产品不符合食品安全标准，从而对人体健康和生命安全构成威胁。

除此之外，畜牧业还可能面临其他法律问题，如动物福利、产品质量安全等。动物福利是指保障动物在饲养、运输和屠宰过程中得到人道对待，减少不必要的痛苦。随着社会对动物福利关注度的提高，相关的法律法规也在不断完善。养殖者应积极响应动物福利的要求，改善动物的饲养条件和处理方式。畜牧业产品的质量和安全直接关系到消费者的健康。因此，养殖者必须遵守食品安全法律法规，确保产品从生产到销售的每个环节都符合安全标准。这包括但不限于饲料安全、兽药使用、产品检测和追溯等方面。通过有效识别和管理这些法律风险，养殖者可以更好地保护自己的合法权益，同时促进畜牧业的健康发展，保障食品安全。

64. 土地征收，签订拆迁安置补偿协议有哪些注意事项？

在征地拆迁过程中，村民签订征地拆迁补偿协议时应当注意以下事项。

第一，协议签订主体的合法性。村民在签订政府拆迁安置补偿协议时，一定要核实对方是否是合法的房屋征收部门或者是市县级政府或其指定的授权部门，有无相应的授权和资质。如果对方称自己是被授权的主体，村民应当要求对方提供授权材料，并要求对方提供该拆迁安置协议已经通过了正规的审批和备案的证据。如果对方不是合法的征收主体，或者该拆迁安置协议没有经过法定的审批程序，那么该协议可能是无效的。例如，如果对方是一个私营企业的开发商，或者协议没有经过相关部门的签字和公示，那么村民作为被安置对象就有理由拒绝签订协议或者要求修改协议。需要特别注意的是，不要和村委会或居委会签订拆迁安置补偿协议，因为它们是没有签订拆迁安置补偿协议的主体资格的。在我国，土地征用属于政府行为，必须要县级以上的政府部门来负责实施，而村委会或者居委会只是一个基层群众性的自治组织，其不具有与村民签订拆迁安置补偿协议的主体资格。如果村民遇到了村委会或者居委会要求其签订拆迁安置补偿协议的情况，应当向有关部门申请政府信息公开，核实村委会或居委会所称的征地拆迁项目是否合法。

第二，协议内容的完整性。村民在签订协议前应该仔细阅读协议的所有条款，特别是补偿标准、补偿金额、补偿方式等内容。除此之外，产权调换房屋的地点和面积、停产停业损失、搬迁费、临时安置费或周转用房等内容也要重点审查。

第三，协议条款的明确性。村民应该在签订拆迁安置补偿协议时，注意协议条款的含义是否表述清楚，是否有模糊或歧义的地方，如果遇到有不懂的条款，一定要要求协议相对方对其进行解释，特别是关于补偿标准及其计算方法、货币支付方式和时间、产权调换房屋的质量和交付条件等涉及被拆迁村民的切身合法权益的内容。

第四，要在协议条款中明确约定违约责任。村民作为被安置对象应该关注协议中是否明确了双方的义务和责任，以及违约责任条款的约定。如果协议中没有约定违约责任，或者只约定了村民的责任而没有约定征收主体的违约责任，那么在后续征地拆迁过程中，存在违法拆迁、暴力拆迁、克扣拆迁款等违法行为时，村民将无法维护自己的合法权益。例如，如果协议中没有约定征收方在补偿期限内支付补偿款的义务，或者没有约定征收方违约时应当承担的赔偿责任，那么被安置对象就可能在征收方拖延或拒绝支付补偿款时无法追究其责任。

65. 农村土地流转有哪些法律风险？

农村土地流转会存在很多法律风险，这是由于我国农村土地经营权存在立法不足，土地流转市场中存在信息差、土地流转程序不规范、土地流转过程中存在监管保障机制不到位等造成的。

首先，在农村土地流转过程中存在部分权利义务界定不明确，缺乏签订农村土地流转合同的必要证明的问题。在农村土地流转过程中，《中华人民共和国民法典》的物权编，将农村土地承包经营权定性为一种用益物权加以保护，无论是直接流转还是间接流转，农村土地经营权利都存在先天性不足的缺憾，容易导致农地承包与流转过程中的利益被部分少数群体获取，而大多数农民的权利无法得到保障。

其次，农村土地流转市场中存在严重的信息差。农村土地流出方在农村土地的各项信息方面占据优势，比如农村土地的基本状况，土地的生产力、产出力等，但是在农村土地规模化经营、农村土地流转后的未来收益及农村土地的管理机制方面有所不足，对流入方信用状况等信息掌握也不充分。与之相反，农村土地流入方对农村土地的状况缺乏了解，但对土地流转市场的把握及管理策略更为熟悉。农村土地流出方在签订土地流转合同后发现土地生产盈利收益高，为逐利可能会选择违反合同约定，加上风险管控能力弱，可能导致破窗效应，给农村土地集体经济组织成员造成更为严重的损失。农村土地流入方出于投机取巧和追求利益的目的，如果花费了大量租金的土地在经营过程中出现预期收益不理想或者难以实现预期目标，可能会采取毁约或者擅自变更土地流转合同约定的土地用途，不顾农村土地本身的性质，导致农村土地资源被浪费。

再次，农村土地流转程序不规范，侵害集体组织成员的合法权利。从我国农村土地流转现状来看，在农村土地直接流转过程中经常会存在土地流入方和土地流出方采取口头约定方式，通过定期转账就完成土地流转，没有将土地流转以书面合同的形式进行固定，在出现合同纠纷时无法准确界定权利义务关系。在农村土地间接流转过程中，存在土地流入方与村委会私下签约的情况，村委会作为代理人，未尽到代理人义务，未对土地流转过程是否符合法律规定、是否完成了必要的程序（如审查、备案、公证等）进行严格把关，导致引入不合格的土地经营者，使土地流转合同的法律风险大大提高，同时容易导致权力寻租、侵害农民权益等不利后果。

最后，虽然我国已经建立了农地流转全过程的保障及监管体系，但在实际操作中仍存在一些挑战和不足。例如，土地流转合同的订立和履行监管仍需进一步加强，合同纠纷解决机制也需要进一步完善。同时，土地流入方与土地流出方之间有效的沟通机制亟待建立，以更好地保障农民的合法权益。此外，土地流转合同的内部主体（土地流入方和土地流出方等直接参与土地流转合同订立和履行的主体）仍需承担一定的风险，这种风险承担模式可能会加重土地流出方的签约成本，也会增加流入方的签约顾虑。因此，未来仍需不断完善农地流转的保障及监管体系，以促进农村土地流转市场的健康发展。

五 生态文明篇

66. 为什么说美丽乡村是乡村振兴的总要求和基本原则 之一？

只有建设生活环境整洁优美、生态系统稳定健康、人与自然和谐共生的生态宜居美丽乡村，村民才能真正享受乡村振兴战略的实践成果。可见，美丽乡村建设是乡村振兴的必要环节。

党的十九大报告提出了我国生态文明建设目标是从 2020 年到 2035 年，生态环境根本好转，美丽中国目标基本实现；明确要求加强农业面源污染防治，开展农村人居环境整治行动。因此，建设美丽中国，必须要先建设美丽乡村。美丽乡村是美丽中国的名片。

第一，坚持绿色发展理念。"绿水青山就是金山银山"的理念强调了生态环境与经济发展的和谐共生。例如，浙江省做好表率，在改善乡村生态环境的同时也采取各种措施促进乡村绿色发展，注重挖掘乡村的特色价值，成功实施了"千村示范、万村整治"工程，让浙江农村不但有颜值更有价值。

第二，补齐基础设施短板。基础设施是乡村发展的重要支撑，对于改善农村居民的生活条件和提高农业生产效率至关重要。例如，辽宁省进一步创新举措，加快农村环境净化整治由"清干净、保持住"向"补短板、建机制"转变，加快打造美丽乡村建设"升级版"，确保实现农村环境"一年一个样、逐年上台阶、三年大变样"。

第三，加强农村生态系统保护，让"绿水青山"更加靓丽。保护农村生态系统是美丽乡村建设的重要内容，它关系到农业生产的可持续性、生物的多样性和农村居民的健康生活。例如，成都市持续推进高标准农田建设，保障能排能灌、旱涝保收、宜机作业、生态友好、稳产高产。

第四，促进人与自然和谐共生。美丽乡村建设强调人与自然的和谐共生，倡导绿色生活方式和消费模式。这要求我们尊重自然、顺应自然、保护自然，实现人与自然的和谐相处。通过教育和宣传，提高农村居民的环保意识，鼓励他们参与生态环境保护，共同维护乡村的绿色环境。

第五，强化乡村文化传承与创新。美丽乡村不仅仅在于生态环境的美化，也包括乡村文化的传承和发展。乡村文化是农村地区的精神财富，它体现了农村地区的历史、传统和特色。在美丽乡村建设中，应注重保护和传承乡村文化遗产，同时鼓励文化创新，发展乡村旅游、乡村艺术等产业，提升乡村的文化魅力和吸引力。

通过这些措施，美丽乡村建设能够为乡村振兴战略的深入实施提供坚实的基础，为农村居民创造更加美好的生活环境，为实现美丽中国的宏伟目标做出贡献。

67. 如何推进乡村绿色发展，打造人与自然和谐共生发展新格局?

根据 2018 年中央一号文件对乡村绿色发展提出的要求，要推进乡村绿色发展，打造人与自然和谐共生发展新格局。在推动乡村经济发展的过程中，要坚持尊重自然、顺应自然、保护自然，推动乡村自然资本加快增值，既要村民富裕，也要生态环境优美。

第一，系统推进农村生态保护和修复。生态保护和修复是乡村绿色发展的基础，需要从系统的角度出发，制订全面的规划和行动计划。例如，浙江省为了对农村生态环境进行保护和修复，制定了一套规划层级体系，推进多规融合在村一级落地实施。这种规划不仅要考虑当前的生态状况，还要预测未来的发展需求，确保生态保护和经济发展的协调统一。

第二，发挥生态资源优势，塑造文旅产业融合发展的特色。生态资源是乡村的重要资产，通过合理开发和利用，可以转化为经济价值。例如，浙江省湖州市安吉县余村以"绿水青山就是金山银山"的理念为基本指导，在对当地矿山进行开垦复绿的同时，大力发展旅游业等第三产业，形成了可以旅游、可以欣赏、可以耕种、可以采摘的新型乡村生态经济。在拓宽绿色发展之路的同时，还增加了当地农民的收入。

第三，提升人居环境整治，改善村容村貌。人居环境的改善是乡村绿色发展的重要环节，它直接关系到农民的生活质量和幸福感。例如，陕西省汉中市勉县定军山镇为了探索出农村垃圾处理及污水治理等涉及村容村貌改善的路径，开始了农村环境整体整治和改造工程，如设置垃圾桶实行垃圾分类，对村厕进行改善修建等。

第四，加强生态农业建设，推广循环农业模式。通过科学种植、养殖和资源循环利用，减少化肥农药的使用，提高农产品的质量和安全水平。同时，保护和改善农村生态环境，倡导绿色生活方式，提高农民的环境意识。通过宣传教育和示范引导，农民认识到环境保护的重要性，并积极参与生态保护和绿色发展。

第五，建立健全生态补偿机制，激励农民参与绿色发展。通过财政补贴、技术支持等手段，鼓励农民采取环保措施，促进乡村绿色发展。加强生态监管，加大执法力度，确保绿色发展政策落到实处。政府应加强对乡村生态环境的监管，严厉打击破坏生态环境的行为，确保绿色发展的各项政策措施得到有效执行。

这些措施的综合实施，可以有效地推进乡村绿色发展，打造人与自然和谐共生的发展新格局，为实现乡村振兴战略目标奠定坚实的基础。同时，这也是对中央一号文件提出的要求的具体落实，对于促进乡村全面振兴具有重要意义。通过这些措施，我们不仅能够保护和改善乡村的生态环境，还能够提高农民的生活质量，促进乡村经济的可持续发展，实现乡村的全面振兴。在这一过程中，我们还需要不断探索和创新，根据各地的实际情况，制定和实施更加有效的策略和措施，以确保乡村绿色发展的深入推进。

68. 发展绿色农业的意义有哪些？如何发展绿色农业？

所谓绿色农业，是指以生产并加工销售绿色食品为核心的农业生产经营方式。

发展绿色农业的意义是多方面的，不仅关乎国家乡村振兴战略的实施，而且对提升农民收入、提高农产品质量、创新农业发展模式等方面都具有深远的影响。

首先，绿色农业是实现国家乡村振兴战略的助推器。在坚持绿色农业发展理念的基础上，优化农业产业结构，同时加强对农业生态环境的保护，这样既能有效控制农业生产成本，也能科学配置流通管理环节，为乡村振兴目标的实现提供必要的条件和坚实的基础。推广绿色农业，有助于构建生态友好型农业生产体系，减少农业对化学肥料和农药的依赖，保护土壤和水资源，维持生物多样性，这对于实现可持续发展至关重要。

其次，绿色农业有利于农民收入的增加和农产品质量的提升。通过采用环保的生产方式，能够生产出更安全、更健康的农产品，满足市场对高品质农产品的需求，从而提高农产品的市场竞争力和农民的经济收益。

最后，绿色农业有利于创新农业发展模式。村民们可以通过"农业+旅游""农业+电商""农业+金融"的农业发展模式，加快农业现代化的发展，提高农业产业发展水平。这种多元化的发展模式，不仅能够增加农民的收入，还能够吸引更多的人才和资本，促进农村经济的全面发展。

那么，如何发展绿色农业呢？

第一，实施绿色种养循环，推动农业绿色发展。例如，浙江省台州市仙居县农业农村局在整合农技、畜牧、土肥等相关生产资源的基础上，鼓励乡镇、街道动员有志于推广发酵粪肥的个人或农业主体提供服务；同时动员在县外从事发酵粪肥或有机肥调运的企业或个人回仙居发展。

第二，加强宣传农业农村生产技术知识，普及推广农业绿色低碳技术发展模式。农村社区可以组织农民学习农业生态有机肥、秸秆综合利用、畜禽粪污处理等相关知识。比如，陕西省铜川市农业农村局联合各大部门开展宣传周活动，向广大人民群众推广各种农业技术知识，包括将工农业废弃物和畜禽粪污、植物秸秆作为原料，推广生物质营养液肥、秸秆综合利用、精细化饲喂等实用技术。这不仅有利于促进农业有机废弃物的资源化再利用，同时，还通过提升土壤肥力，将节能低碳理念落到实处，形成了资源节约、环境良好的绿色农业发展模式。

第三，运用绿色防控技术，加强专业化统防统治与农作物病虫害绿色防控的对接和融合。例如，四川省自贡市大安区为了实现土地增效、粮食增产、农民增收的目标，不断完善农业病虫害监测预警体系，切实把农药减量工作抓出成效、干出实绩，推动农业绿色发展。

69. 中央对加强乡村生态保护与修复有什么要求？

中央对加强乡村生态保护与修复的要求，体现了对生态文明建设的高度重视和对可持续发展的坚定承诺。习近平总书记对生态保护与修复提出要求，强调了生态保护修复的统一监管，明确反对形式主义，确保生态修复的实效性。

首先，强化统一监管是确保生态保护修复工作有效进行的关键。这包括加强生态保护修复监管制度建设，确保自然保护地和生态保护红线得到有效保护和合理利用。通过强化督察执法，可以及时发现和纠正破坏生态环境的行为，确保生态保护修复工作落到实处。

其次，坚决杜绝生态修复中的形式主义，是确保生态修复工作质量和效果的重要保障。这要求我们在生态修复工作中，必须坚持实事求是的原则，坚决反对任何以生态建设为名，行破坏生态之实的行为。只有真正把生态修复工作落到实处，才能实现生态保护与经济发展的双赢。

为了大力实施乡村生态保护与重大工程修复，助力乡村振兴，可以从以下三个方面着手。

第一，实施重要生态系统保护和重大工程修复。例如，浙江省兰溪市为了完成生态系统保护和重大工程修复，坚持绿色发展，同时传播地方水文化，实施了胡大山生态湿地建设项目。该湿地项目的建设促进了水体净化和河道整治，提升了生态系统的质量和稳定性，有效解决了城市内涝问题。

第二，健全重要生态系统保护制度。例如，在习近平生态文明思想指引下，四川省自然资源部门牵头扎实推进国土空间生态保护修复工作，探索统筹推进山水林田湖草沙冰一体化保护和修复。新修订的《四川省〈中华人民共和国土地管理法〉实施办法》，首次明确了生态系统保护制度，使对国土空间的生态保护修复工作有制度可依，同时凝聚人民群众的共识，为不断深化生态保护修复提供有力的法治保障。

第三，健全生态保护补偿机制。比如江西省已经初步建立起了生态保护补偿政策法规、标准和制度保障体系框架，并且实现了森林、耕地等领域的生态保护补偿全覆盖。除此之外，江西省不断完善对生态环境质量的考核方式和提高对生态环境质量的考核标准，实现了资金分配与考核结果挂钩。

这些措施的实施，可以有效地推进乡村生态保护与修复工作，为乡村振兴提供坚实的生态基础。同时，这也是对中央要求的具体落实，对

161

于促进乡村全面振兴具有重要意义。在这一过程中，我们还需要不断探索和创新，根据各地的实际情况，制定和实施更加有效的策略和措施，以确保乡村生态保护与修复工作的深入推进。

70. 各地政府如何进行农村垃圾处理，从而实现国家对农村垃圾处理的总目标？

中央一号文件明确了农村垃圾处理对实现农村人居环境整治的重要性，并且制定了人居环境整治的三年计划。该计划主要从农村垃圾、污水治理、村容村貌改善的角度出发，整合社会资源和自然资源，有秩序地推进农村人居环境治理。

第一，对垃圾进行分类并减少垃圾的数量。例如，浙江省实行农村垃圾分类，在农村垃圾处理方面处于全国领先地位。同时，浙江省是全国唯一利用机器成肥的省份，全省有上千个村庄已经成功试点微生物发酵资源化。此外，浙江省还是全国唯一在农村开展垃圾分类的省份，已经有半数的村庄完成了农村垃圾分类与三化处理工作。

第二，积极号召群众，让群众积极参与乡村环境整治。例如，陕西省咸阳市新民镇共喷刷标语和条幅 100 余条，在街道主路口及村庄醒目位置竖立大型宣传牌 2 块，设立宣传点 32 处，开展新时代文明实践讲习 52 次，进行专栏曝光 10 起，做到了全方位、多角度宣传人居环境整治政策、法规，形成了全民参与乡村环境整治的良好氛围。

第三，推进农村生活垃圾处理费用的收缴和使用，积极健全农村生活垃圾治理工作机制。例如，四川省绵阳市三台县结合县域农村生活垃圾治理现状，出台《关于健全农村生活垃圾收转运体系的实施意见》《关于进一步加强城乡生活垃圾治理工作的实施意见》，进一步明确费用收缴使用管理在农村生活垃圾收运处置体系中的重要作用。同时，在充分考虑农村居民经济承受能力的基础上，积极探索建立村级组织统筹、政府适当补助、农户合理付费的运行管护经费保障制度。

第四，加强农村垃圾处理设施建设。政府应投资建设垃圾收集站、转运站和处理设施，提高垃圾处理的能力和效率。同时，通过引进先进的垃圾处理技术，如生物降解、焚烧发电等，实现垃圾的减量化、资源化和无害化处理。

第五，建立长效监管机制。政府应加强对农村垃圾处理工作的监管，确保各项措施得到有效执行。通过定期检查、考核和奖惩机制，激励和约束各级政府和相关部门，确保农村垃圾处理工作的质量。

第六，鼓励社会资本参与。政府可以通过PPP模式、政府购买服务等方式，鼓励和引导社会资本参与农村垃圾处理设施的建设和运营。这样可以减轻政府的财政压力，同时引入先进的管理经验和技术，提高垃圾处理的效率和质量。

通过这些措施的实施，各地政府可以有效地推进农村垃圾处理工作，实现国家对农村垃圾处理的总目标，为乡村振兴和农村人居环境的改善做出积极贡献。这需要各级政府、社会各界和广大农民的共同努力，通过政策引导、技术创新和公众参与，共同推动农村垃圾处理工作的开展。

71. 如何解决农村土地污染问题，从而实现绿色乡村发展的目标？

当前，我国农村土地污染呈现不可逆性、长期性、地区差异性的特点。农村土地污染将造成严重的后果，不仅会危害农民身体健康，更会威胁到"米袋子"和"菜篮子"。如何治理土地污染将是中央和各地政府面临的重要课题。

第一，建设土壤环境风险防控试点，开展土壤治理专项整治活动。例如，福建省率先出台了乡村生态振兴专项规划，打造了"绿盈乡村"的振兴蓝图。为了提升农产品质量，同时保障人居环境的安全，福建省对重点行业企业土壤污染状况进行了排查和调查，设立土壤环境风险防控试点，在全省范围内开展农业生产废弃物专项整治和化肥农药减量增效工作，推进化肥农药减量增效。

第二，实行农产品绿色生产。例如，重庆市为了推进化肥农药减量增效行动，加强农业废弃物资源化利用，加大农用地土壤污染防治力度，推进农业生产"三品一标"建设，加强农产品质量安全监管，完善全产业链质量安全追溯体系，以实际行动践行绿色生产理念。

第三，进行土壤采样工作，调查研究农田土壤对农业生态的影响。例如，四川省组织学生下乡开展土壤调查工作，根据双流区地形制订相应实践方案，精准定点东部、西部、中部，以"全覆盖、代表性"原则进行筛选，结合水田面积、相隔距离等多种因素选出黄龙溪镇、彭镇金河村、永安镇景山村作为采样点。团队成员对三个采样点进行调研和考察，了解到三个采样点各自对于环境监测和治理方面的要求略有区别。在黄龙溪的调研主要需要了解村里土壤水分、富硒程度等的情况；在彭镇金河村的调研需要对岷江沿边水质、周围空气和土壤质量等进行深入了解；在永安镇景山村的调研主要了解土壤肥力和土壤质量等情况。

除此之外，为了更有效地解决土地污染问题，可以进一步推广使用环保型农业投入品，如生物农药和有机肥料，减少对化学肥料和农药的依赖。同时，加强对农业废弃物的管理，通过建立集中处理设施，将这些废弃物转化为有用的资源，如生物质能源或有机肥料。此外，加强农村环境教育，提高农民对土地污染问题的认识，鼓励他们采取环保的耕作方式，这也是实现绿色乡村发展的重要途径。

这些措施的实施可以在保护农村土地资源的同时，促进农业的可持续发展，为建设绿色乡村做出贡献。这些努力将有助于实现农村土地的长期健康和农业生产的生态安全，为农民和全社会带来长远的利益。

72. 如何发展林下经济，从而加快乡村振兴战略的步伐?

林下经济，是指依托森林、林地及其生态环境，以开展复合经营为主要特征的生态友好型经济，包括林下种植、林下养殖、林下非木质林产品采集和森林景观利用等。各地农村发展林下经济需要提供技术和政策，主要包括以下内容。

第一，建立和完善"林下经济+"发展机制。例如，云南省将林下经济与土地、金融、互联网相结合，通过"一部手机办事通"，为市场各类经营主体做好政府服务。为了完善林下经济的保险制度，云南省通过"一部手机云企贷"为林权者或者其他村民提供免息、贴息、林权抵押等贷款服务。除此之外，云南省政府将林下种植养殖和加工机械纳入农机补贴范围，给予农民农机补贴。同时，云南省还优化政府服务，探索"一部手机办税费"的使用，落实森林产品生产、加工、存储环节的税收、电费、过路费等减免政策。

第二，挖掘当地资源优势，调整产业结构，以经济发展为导向。例如，甘肃省陇南市成县王磨镇利用当地生态资源优势，结合市场需求，全面调整优化农业产业结构，鼓励和指导农民发展特色蔬果种植，还鼓励农民种植中药材、进行中蜂养殖等。甘肃省探索出了经济、社会、生态效益协同发展的绿色林下经济发展道路，使乡村振兴的步伐走得更快。

第三，加大科技扶持力度，为发展林下经济奠定坚实的基础。例如，四川省广元市青川县结合当地林下中药材产业技术需求，积极对接省、市两级科研院所，邀请官方技术团队走进青川县，为当地村民开展中药材生产技术服务和指导帮扶。

第四，为了进一步推动林下经济的发展，一是可以加强对林下经济的宣传，进行相关技术培训，通过组织培训班、现场教学等方式，提高农民对林下经济的认识和技能，增强他们发展林下经济的能力。二是发展林下经济的产业链，通过增加林下经济产品加工、销售等环节，延长产业链，增加附加值，提高农民的收益。三是创新林下经济的经营模式，鼓励农民通过合作社、家庭农场等形式，实现规模化、集约化经营，提高林下经济的效益。四是加强林下经济的政策支持，政府可以通过提供税收优惠、贷款支持、市场准入便利等措施，为林下经济发展创造良好的政策环境。五是保护生态环境，在发展林下经济的同时，要注意保护森林资源和生态环境，实现经济发展与生态保护的双赢。

73. 国家的退耕还林政策的基本要求是什么？

退耕还林政策是"退耕还林，封山绿化，以粮代赈，个体承包"。该政策是国家基于保护和改善生态环境基本要求的一项系统工程，也是落实西部大开发战略的重要措施。一般来讲，退耕还林政策的基本要求是从保护和改善生态环境的角度出发，对易造成水土流失的坡耕地有计划、有步骤地停止耕种，按照适地适树的原则，因地制宜地恢复森林植被。

第一，因地制宜，科学化实施退耕还林政策。例如，贵州省贵阳市结合林业产业发展布局，做好规划设计，因地制宜，在成效较差、种植品种表现不好的地块开展树种结构调整，种植经济价值较高的药材树种，如黄柏、油料植物如山桐子和油茶等，推进提质增效。

第二，通过采取农户自愿土地入股等方式，开展新一轮退耕还林项目政策扶持。在2016年，云南省红河县投入7 000多万元资金，到2018年建成了沃柑标准化种植基地1 000余亩。每亩年产值达7.5万元以上，形成了辐射效应，带动了周边上百家建档立卡户脱贫致富。

第三，为了保障政府发放的补助资金落实到农民手中，可以采用技术手段，对补助资金的使用进行监管。比如四川省通过开设"一卡通"阳光审批平台，监督补助资金的流向及用途，让补助资金能够落到实处，实现资金使用的透明化、规范化。同时，为了对补助资金的发放情况进行跟踪检查，政府还加强定期调度，确保资金使用的合规性和有效性。

第四，强化生态效益监测评估。退耕还林政策的实施效果需要通过科学的监测和评估来衡量。要通过建立生态效益监测体系，定期对退耕还林区域的生态环境变化进行评估，及时调整和优化退耕还林的策略和措施。

第五，结合乡村振兴战略，推动产业发展。退耕还林不仅是生态工程，也是促进农村经济发展的重要途径。可以通过发展林下经济、生态旅游等产业，提高退耕还林地的综合效益，增加农民收入，推动乡村振兴。

74. 如何落实国家对农村的水土保持政策？

水土保持，是指对自然因素和人为活动造成的水土流失所采取的预防和治理措施。在乡村振兴战略的实施过程中，落实水土保持政策对于农村的生产和建设，以及减少干旱和风沙灾害等方面都具有重要意义。

第一，探索水土保持的综合治理新模式，引进外部资金。例如，宁夏回族自治区探索"水土保持+产业融合"模式，在彭阳西沟等小流域，统筹实施骨干供水、田间配套、道路建设、生态治理和美丽乡村建设等工程，引进社会资本参与农产品特色种植、加工及乡村旅游等产业开发，带动项目区群众增收致富，助力乡村振兴。

第二，健全完善管理制度，构建权责明晰的治理体系。例如，甘肃省定西市通渭县强化组织领导，制定《通渭县坡耕地水土流失综合治理工程管理办法》《通渭县水土保持重点工程建设管理办法》《通渭县淤地坝建设管理办法》等。分解落实各项任务指标，构建了明确的工作体系、目标体系和责任体系。

第三，实施多项举措，提高农村水土保持的治理成效。例如，四川省自贡市富顺县通过整合水务、自然资源、农业农村等部门各类水保项目资金约 3 亿元，完成 81.22 平方公里水土流失治理；通过实施"大规模绿化富顺"和"一江两河绿色长廊建设工程"等项目改善生态环境，全县新造林 6.2 万亩，水土涵养能力明显提升，富顺县国有林场获评"全国绿化先进集体"；通过实施小流域治理、土地整理、高标准农田建设助推乡村振兴，改善耕作条件的土地约 8 万亩，先后荣获"四川省第二批乡村水务示范县""四川省乡村振兴先进县""四川省农村改革工作先进县"等称号。

第四，为了进一步落实水土保持政策，需要加大宣传教育力度，提高农民对水土保持的认识和参与度。通过举办培训班、讲座、现场观摩等方式，普及水土保持知识，让农民了解水土流失的危害和水土保持的重要性。同时，推广适用的水土保持技术，如梯田建设、植被恢复、水土保持林营造等，提高农村水土保持的科技含量。加强水土保持法律法规的实施，依法管理水土资源，对造成水土流失的行为进行严格监管和处罚。

第五，建立水土保持长效机制也至关重要，要通过政府引导、市场运作、社会参与的方式，形成水土保持的多元化投入和运营机制。强化水土保持监测和评估，定期对水土流失情况进行监测，及时掌握水土保持工作的进展和效果，为政策调整和项目实施提供科学依据。

75. 如何开发农村绿色农产品，从而实现乡村绿色健康发展？

绿色农产品是指在无污染生态环境中种植、加工及储运，其毒害物质含量符合国家健康安全食品标准，并经专门部门认定允许使用绿色产品标志的农产品。开发农村绿色农产品体现了乡村振兴战略中的生态安全和因地制宜适度发展的理念，顺应了农民追求生态、环保的生产生活要求。那么，如何开发绿色农产品呢？

第一，品牌认证宣传服务进企入户。例如，甘肃省兰州市西固区农业农村局以农产品质量安全为牵引，以绿色发展理念为引领，积极做好品牌认证宣传。区内绿色食品认证企业从原来的2家增加到7家，有机产品企业达到2家，认证产品也从鲜百合扩展到百合干、蔬菜、水果等。

第二，完善和改造"三品一标"基础性资源建设。例如，四川省雅安市石棉县农业农村局非常重视"三农"工作的推进，配套完善基础设施，以现代农业园区"三品一标"基础性资源建设为重点，建立全国有机农业示范基地和绿色食品原料标准化生产基地，促进全县特色农业品质品牌提升。

第三，建立健全奖励机制，增强"三品一标"的认证。例如，福建省莆田市为了鼓励村民们生产无公害农产品，特别针对获得无公害农产品证书、绿色食品证书、有机食品证书、农产品地理标志登记证书的村民给予不同程度的金钱奖励，以提高村民生产绿色农产品的主动性、自觉性、积极性。

第四，在实施这些措施的同时，还需要加强对农民的培训和教育，以提高他们对绿色农业的认识和操作技能。通过定期举办培训班、研讨会并进行现场指导，农民可以学到更多的绿色农业知识和技术，这对于提高农产品的质量和产量，以及增加农民的收入都具有积极作用。此外，政府和相关部门还应该加强对农产品市场的监管，确保市场上销售的农产品都是符合绿色标准的，这对于保护消费者的利益和推动绿色农产品的发展都至关重要。

这些综合措施的实施，可以有效地促进农村绿色农产品的生产和销售，实现乡村的绿色健康发展。这不仅能够提高农产品的市场竞争力，还能够为消费者提供更多健康、安全的食品选择，同时也有助于提高农民的生活水平，推动当地经济的发展。

76. 如何发展农村生态旅游业？

农村生态旅游是生态旅游和农业旅游的混合体。这是一种旅游形式，能够让游客参与可持续农业并了解当地农产品。近年来，随着人们对健康、环保、文化体验的需求增加，农村生态旅游逐渐成为一种受欢迎的旅游方式。农村生态旅游不仅能够提供独特的自然景观和文化体验，还对农业产业的可持续发展做出了积极的贡献。农村生态旅游在我国得到了广泛关注，发展迅速。不少地方政府和乡村社区积极推进农村旅游的开发，投入大量的资源和资金，打造了一批具有特色的农村生态旅游景区。

第一，挖掘当地旅游资源，打造特色旅游项目。例如，广东省阳江市由于生态旅游和乡村旅游资源非常丰富，土特产特别多，且因为沿海的地理优势，交通非常便利，发展农村生态旅游大有可为。于是，不少人在各郊区开办农家乐餐馆，开发"特色菜""生态菜"吸引了大批游客。其中不仅有特色餐饮，还有现场采摘等生态旅游项目。

第二，打造完整生态旅游路线，成立农业旅游品牌。广东省中山市民众街道群安村以美丽乡村项目建设成果为载体，计划依托现有 170 多亩稻田，整合连片土地，扩大粮食蔬果种植范围，通过打造完整生态旅游线路、成立村企打响农产品品牌、增设文旅产业配套设施、招商引资等措施，大力探索融合乡村旅游、民宿、水田、文化和美食等项目为一体的特色农文旅融合发展新模式，充分挖掘休闲旅游、文化旅游、生态旅游潜力，让美丽乡村吃上"生态旅游饭"。

第三，挖掘红色精神，发展红色旅游。四川省广元市苍溪县投入了很多人力资源，研究当地史料，维护当地名胜古迹，保存当地历史文化资源的完整性和多样性，强化了"智勇坚定、排难创新、团结奋斗、不胜不休"的红军精神。

综上所述，在发展生态旅游的过程中，应注意保护当地的自然环境和文化遗产，避免过度商业化和被破坏。同时，应该鼓励当地居民参与旅游服务，让他们成为旅游发展的受益者，从而增强他们对生态旅游的支持。此外，还应加强旅游基础设施建设，如交通、住宿、信息服务等，这也是提升旅游体验、吸引更多游客的关键。这些细致入微的工作可以确保生态旅游的健康、可持续发展，并成为推动乡村经济发展和文化繁荣的重要力量。

77. 政府在划分生态功能保护区时，如何保障林权者的合法权益？

生态功能保护区是指在涵养水源、保持水土、调蓄洪水、防风固沙、维系生物多样性等方面具有重要作用的生态功能区内，有选择地划定一定区域进行重点保护，或限制开发建设的区域。设立生态功能保护区后如何对林权者进行补偿，各地有不同的做法。

第一，按照固定标准和面积对林权者进行赔偿。例如，从 2008 年开始，福建省省级财政对省级以上林业自然保护区内林权所有者，每年按林地面积 3 元/亩的标准给予补助。

第二，设立生态功能保护区，针对不同情况给予林权者补偿。例如，陕西省设立生态功能保护区给予林权者的补偿标准为：国有的国家级公益林补偿标准为每年 10 元/亩，非国有的国家级公益林补偿标准为每年 16 元/亩，省级补偿资金平均标准为每年 5 元/亩。

第三，根据林地的性质，通过签订协议等方式进行分别补偿。例如，四川省自贡市富顺县根据公益林权属将公益林划分为国有、集体和个人的国家级、省级公益林。国有的国家级公益林管护依据县自然资源和规划局和富顺县国有林场签订的公益林管护协议,国有林场按管护合同履行管护义务,承担好管护责任后,以 10 元/亩的补偿标准兑现补贴资金。集体和个人所有的国家级、省级公益林管护依据县自然资源和规划局与林权人签订的重点公益林管护协议,并结合各乡镇实际选择自主管护、聘请专(兼)职管护人员管护等不同的管护模式。其中,对自主管护的,根据管护协议履行情况,以 16 元/亩的管护标准兑现给集体或个人。

这些补偿方式的实施,体现了政府在生态保护和林权者利益之间寻求平衡的努力。通过合理的补偿机制,可以激励更多的林权者参与生态保护,共同维护我们宝贵的自然资源。同时,这也有助于提高林权者对生态保护工作的认可度和参与度,从而促进生态保护工作的顺利进行。

在实施补偿政策的同时,政府还需要加强对生态功能保护区的管理和监督,确保保护区的生态功能得到有效保护。这包括加强对保护区内生物多样性的监测、对保护区周边地区的环境影响评估以及对保护区内非法活动的打击。通过这些措施,政府可以确保生态功能保护区的设立真正达到预期的生态保护效果。

此外,政府还应该加强对林权者的宣传教育,以提高他们对生态保护重要性的认识,鼓励他们采取可持续的林业经营方式。这可以通过组织培训、提供技术咨询和推广生态农业技术等方式来实现。通过提高林权者的环保意识和技能,政府可以更好地保护和管理生态功能保护区,实现生态保护与经济发展的双赢。

总之,政府在设立生态功能保护区时,要综合考虑生态保护、林权者利益和可持续发展等多方面因素,采取合理的补偿政策和有效的管理措施,以实现生态保护和林权者利益的和谐共生。通过这些努力,政府可以营造一个更加绿色、健康、可持续的生态环境。

六　卫生保健篇

78. 如何通过全面健康实现乡村振兴？

健康是幸福生活的前提。要让农村居民和城镇居民都享受到同等的健康服务，减轻人民群众的医疗负担，让人民群众看得起病、看得好病。所以，要防止出现农民因病致贫或因病返贫的问题，必须要通过各种政策和措施实现全面健康。

第一，加强基层医疗机构的标准化建设，优化看病、治病的环境。比如，浙江省丽水市云和县积极开展基层医疗机构标准化建设。从2021至2023年，乡镇卫生院新改扩建，开展住院病房翻新、急救中心建设、一体化门诊建设等项目，12家村卫生室改扩建，使基层医疗机构的标准化建设率不断提高。这些举措改善了医疗服务的硬件设施，也提升了患者的就医体验，使得基层医疗服务更加人性化、便捷化。

第二，提升乡村医疗机构的医疗服务能力，为村民的健康提供基本保障。例如，吉林省延边朝鲜族自治州汪清县与中华国际科学交流基金会合作开展了全民健康定点帮扶援助项目。项目对汪清县开展定向援助，并且通过资金扶持、推动学科建设和学术进修等帮扶工作，加强全县医疗机构的医疗服务能力。这种合作模式不仅提升了医疗服务的整体水平，也有助于吸引和留住医疗人才，为乡村居民提供更专业的医疗服务。

第三，举办医疗活动，宣传医疗健康知识，加深村民对常见病的认识和自我保健意识。比如，青海省西宁市湟中区李家山镇人民政府联合塔尔沟村村民委员会举办"用心关爱女性健康 用情助力乡村振兴"公益活动，向参加活动的女性朋友科普女性健康相关知识。这样的活动不仅传播了健康知识，也增强了村民的自我保健意识，促进了健康生活方式的形成。

第四，优化乡村医疗资源，解决群众看病难、看病远的问题。比如，四川省泸州市纳溪区护国中心卫生院地处纳溪南部，是纳溪区"医疗次中心"，二级乙等综合医院，承担着护国镇辖区 8 万多名群众公共卫生服务、镇域及周边乡镇 20 万名群众常见病、多发病收治工作。近年来，该卫生院围绕群众健康需求，深化医疗卫生体制改革，优化农村卫生资源配置，创新用人机制，不断提升医疗服务水平，为乡村振兴筑起一道全民健康屏障，确保了基本医疗服务的公平性和可及性，让每一位村民都能享受到及时、有效的医疗服务。

总之，实现全面健康不仅仅是一句口号，而是需要实实在在的行动和投入。从基础设施的改善到医疗服务能力的提升，从健康知识的普及到医疗资源的优化配置，每一步都至关重要。这不仅能够提高农民的健康水平，还能促进乡村经济的发展，为实现乡村振兴奠定坚实的基础。这些努力有助于构建一个更加健康、和谐、繁荣的乡村社会，让每一个村民都能享受到健康幸福的生活。

79. 如何通过完善农民的基本医疗保障制度，建设健康乡村？

《中共中央、国务院关于实施乡村振兴战略的意见》中明确提出了"推进健康乡村建设"这一战略目标。因此，在建设健康乡村和乡村振兴过程中，要坚持巩固拓展健康扶贫成果同乡村振兴有效衔接，以确保乡村医疗卫生全面覆盖，为乡村振兴提供坚实的战略保障。目前，健康乡村建设不仅要以基层医疗、公共卫生、保健和医保为关注点，还需从医养共建、人才振兴、区域共享、智慧医疗等方面着力，推动健康产业提档升级，更好地服务广大农民群众，为乡村振兴护航。如何建设健康乡村，各地有不同的做法。

第一，为了完善农村的基本医疗卫生制度，政府需要加强财政投入。例如，江苏省为了保障当地农民能够看得起病，为经济薄弱地区和其他地区安排了专项医疗看病补助资金，减轻农民的看病负担。在经济薄弱地区，根据参合农民人数，按省定补助标准给予补助，安排合作医疗以奖代补资金；在其他地区，根据参合农民人数和考核结果给予以奖代补。并会同卫生部门进一步完善新型农村合作医疗制度，确保新型农村合作医疗参合率达标。这样的财政投入和政策支持，不仅减轻了农民的经济压力，也提高了他们参与医疗保障的积极性，有助于提升整个乡村地区的健康水平。

第二，政府通过举办专门的活动为乡村地区提供精准健康帮扶。比如，重庆市各部门合作组织的"健康乡村千里行"活动，通过开设健康帮扶培训班、实施医院专家学科帮扶、开展健康科普讲座、举办线下义诊活动，不断完善县域医疗卫生服务、管理体系，提升县域医疗卫生服务能力。这些活动的有效开展，不仅提升了乡村居民的健康意识和自我保健能力，也加强了乡村医疗卫生人才的培养和医疗资源的合理配置，为乡村居民提供了更加全面和深入的健康服务。

第三，采用综合性手段，全面支持健康乡村建设。例如，四川省巴中市为了全体村民的健康，强调乡镇卫生院、村卫生室的规范化建设，并且由政府牵头向村民提供家庭医生签约服务。针对老年人多发的高血压、糖尿病，市政府组织各级部门组建上千个家庭医生团队，向几千个脱贫监测户和四种慢性病患者，提供了签约家庭医生服务活动，家庭医生定期上门诊治并进行健康随访。这样的服务模式，不仅增强了乡村居民对慢性病的管理和控制能力，也提升了他们对医疗服务的满意度和信任度，为乡村的健康稳定发展打下了良好的基础。

综上，健康乡村建设是一个系统工程，需要政府、社会和农民自身的共同努力。通过完善医疗保障制度、提供精准健康帮扶服务和采用综合性手段，可以有效地提升乡村居民的健康水平，为乡村振兴战略的实施提供坚实的健康保障。未来，还需要继续探索和创新，不断优化和完善健康乡村建设的策略和措施，以满足乡村居民日益增长的健康需求，推动乡村社会的整体进步和发展。

80. 什么是农村基本医疗卫生保障制度？

农村基本医疗卫生保障制度是一项在政府和集体的帮助下依靠农村居民自身经济实力而建立起来的对农村居民健康状况进行保障的制度。其具体内容如下。

第一，凝聚医保"三力"，助推乡村振兴。例如，浙江省衢州市龙游县为了落实国家对农民的基本医疗保障制度，对医保实行了精细化管理，开创了"六个医保"建设，提高了政府的补助标准和个人的缴费标准。为了解决农民因病致贫、因病返贫问题，龙游县创新使用智慧医保手段保障村民能够有钱看病、有钱治病。这样的措施不仅提高了农民的医疗保障水平，极大地降低了因病致贫、因病返贫的发生率，为乡村振兴筑牢了坚实的健康基础。

第二，建立多重保障制度。例如，河北省政府为保证省内所有农村居民能享受到医疗保障，建立了三重保障制度：一是基本医疗保险，二是大病保险，三是医疗救助。在参保资助方面，河北省也给予了大量的补贴，对农村建档立卡贫困人口参加城乡居民基本医疗保险给予补贴。在基本医疗保险方面，河北省制定了门诊统筹、门诊慢特病、住院报销三重保障措施，确保农村居民能够得到全面的医疗保障。

第三，对于脱贫人口，为了防止其返贫无法看病，政府也完善了相应的待遇保障政策。例如，四川省广元市为了防止脱贫人口返贫，出现无法看病的局面，设立 5 年过渡期，目的是实现由集中资源支持脱贫攻坚向统筹基本医保、大病保险、医疗救助三重制度常态化保障平稳过渡。这一政策的实施有助于巩固脱贫成果，确保脱贫人口在过渡期内依然能够享受到必要的医疗服务和经济支持。

总之，农村基本医疗卫生保障制度为农村居民提供了全面的医疗保障，有助于提高他们的健康水平和生活质量，同时也为乡村振兴战略的实施提供了重要的支持。未来，还需要继续加强和完善这一制度，确保农村居民能够持续享受到高质量的医疗服务，为建设健康乡村做出贡献。

81. 在中国农村公共卫生方面有哪些政策？中国农村公共卫生服务项目有哪些？

目前，在中国农村公共卫生方面开展的国家基本公共卫生服务项目包括居民健康档案管理、健康教育、预防接种、0~6 岁儿童健康管理、孕产妇健康管理、老年人健康管理、慢性病患者健康管理、严重精神障碍患者管理、结核病患者健康管理、中医药健康管理等 28 项。具体政策如下。

第一，扎实推进基本公共卫生服务工作，实现卫生站行政村全覆盖。例如，广东省韶关市仁化县为了优化公共卫生服务，开创"家庭医生"服务模式，安排家庭医生上门服务，为群众看病。具体做法是：先由基层公共卫生人员和乡村医生组成家庭医生服务团队，然后向辖区居民宣传基本公共卫生服务政策、内容与疫情防控知识，定期对慢性病患者等重点人群进行免费体检，上门为老年人群体和行动不便的居民提供接种服务。家庭医生直接对接签约家庭，签约家庭也可以直接联系自己的家庭医生，实现针对性服务。

第二，加强组织领导，明确工作目标。加强农村基本公共卫生服务项目管理，确保基本公共卫生服务的顺利实施。比如，江苏省宿迁市沭阳县成立基本公共卫生服务领导小组和公共卫生服务技术领导小组。领导小组下设办公室，由办公室主任负责，办公地点设在镇卫健服务中心。卫健服务中心负责制订该村基本卫生服务项目的实施方案、服务标准以及对各部门和各组织的考核办法，还需要确定每年各部门开展基本卫生服务项目的任务目标，并对全村村民开展项目宣传培训，对于村组织实施的具体项目进行绩效考核。村卫生室作为基本公共卫生服务项目的实际执行人，按照卫健服务中心制定的服务标准完成项目服务任务，免费为辖区内居民提供基本公共卫生服务。

第三，多形式宣传，开展全方位培训工作。四川省绵阳市北川县擂鼓镇中心卫生院在患者进医院就诊或者家庭医生团队下乡体检与随访工作的时候，通过面对面的介绍，或直接发放宣传手册等形式开展宣传。同时，为了加强乡村医生对公共卫生项目知识的掌握，卫生院还要每月定期召开乡村医生例会，定期邀请上级业务主管部门的专家来卫生院对乡村医生进行培训。

82. 如何落实乡村慢性病治疗政策，筑牢乡村振兴最后防线？

我国农村慢性病主要分为两大类：第一大类是常见慢性病，比如老人容易得的心脏病、心肌梗死、脑出血、高血压等；第二大类是特殊慢性病，包括血友病、白血病、再生障碍性贫血。各地政府为助力乡村振兴，在慢性病防治方面实施了多项政策。

第一，开展农村慢性病鉴定，帮助农民筛选出慢性病，提前治疗。例如，河南省荥阳市医疗保障局抽调技术精、能力强的骨干人员，深入各个乡镇为困难群众进行慢性病集中鉴定活动。鉴定小组工作人员对符合要求的慢性病患者的检查报告单、病历等资料进行认真分析、层层把关，纠正村民错误的用药剂量和用药方式，引导村民合理就医用药。医保局工作人员现场设置咨询台，重点对慢性病病种、申报材料、申报程序等信息进行宣传，村民可以到咨询台当面询问。针对前来参加慢性病鉴定的老年患者，以及行动不便的患者，工作人员提供上门接送服务。

第二，充分运用互联网，线上办理慢性病证，助力乡村振兴。例如，安徽省淮南市孙庙乡开展入户为群众线上办理慢性病证活动。村"两委"及专干上户宣传办理慢性病证的好处，并为农户在线申请办理慢性病证，让农户享受到线上办理慢性病证的便捷，助力乡村振兴。这样的服务不仅提高了办理效率，也使得慢性病患者能够更加方便地获得必要的医疗支持。

第三，全面推进"优质服务基层行"活动。比如四川省广元市剑阁县樵店乡卫生院依托"东西部协作——樵店乡卫生院综合楼建设项目"，进一步改善医院基础设施和医疗卫生设施设备，加强医务人员配备和人才培训，为群众提供规范的服务，着力构建有能力、服务水平高、医疗环境好的基层医疗卫生服务新体系，从而提升农村居民健康水平，助力乡村振兴。

这些措施的实施，提高了农村慢性病患者的生活质量，也为乡村振兴提供了坚实的健康保障。展望未来，我们应持续优化慢性病管理策略，加强健康教育，提升基层医疗服务能力，确保每一位农村居民都能享受到公平、高质量的医疗服务。

83. 如何帮助农民提前预防慢性病，从而夯实乡村振兴的健康基础？

近几年，全国各地深入学习关于巩固拓展脱贫攻坚成果同乡村振兴有效衔接精神，全面落实中央、省、市、县各项决策安排部署，推进城乡医疗服务均衡发展，提升基层卫生健康服务能力，通过多项措施为乡村振兴夯实健康基础。

第一，开展慢性病防治健康知识的宣传活动。比如，云南省景洪市乡村振兴局组织开展健康知识讲座，邀请景洪卫生院院长施俊峰向大家讲授常见慢性病的防治知识，包括慢性病基础知识、慢性病发生的阶段、慢性病的危害和预防、如何保持健康生活方式等。强调一定要合理膳食、控盐限油、适量运动、戒烟限酒。

第二，构筑慢性病防治防线，助力健康乡村发展。例如，河南省南阳市方城县柳河镇组织 25 个村卫生室开展以"早发现，早管理，远离慢性病"为主题的慢性病综合干预宣传活动。医护人员采取现场义诊、张贴海报、悬挂横幅、发放宣传资料等方式，向群众宣传慢性病的危害，以及如何预防、合理饮食和健康生活等。医护人员为群众免费测量血压、血糖，同时讲解高血压、糖尿病等慢性病的症状、并发症、预防和治疗方法，建议村民们从自身做起，树立"每个人都是自己健康的第一责任人"的理念，培养健康的生活方式，保持良好的心理状态，做到早预防、早发现、早诊断、早治疗。

第三，推进基层医疗机构规范化、制度化、标准化。比如，四川省广元市剑阁县樵店乡卫生院推进卫生院"三化"（标准化、规范化、制度化）建设，并结合群众健康需求打造特色专科和慢病管理工作室，加快推进社区医院建设。强化和落实乡村一体化管理，对辖区村卫生室做进一步改造，使"三室"（诊治室、药房、处置室）独立分开。同时，制度上墙，完善配套设施，夯实农村健康服务"网底"。

除此之外，为了进一步帮助农民提前预防慢性病，各地政府也在积极探索新的预防策略和方法。例如，通过建立健康档案，对农民进行定期健康检查和评估，及时发现慢性病的风险因素，从而采取有效的干预措施。此外，通过开展健康教育，提升农民对慢性病预防的认识，鼓励他们采取健康的生活方式，如合理饮食、适量运动、戒烟限酒等，以减少慢性病的发生。同时，政府也在加强基层医疗机构的建设和人才培养，提高基层医疗服务的质量和效率，确保农民能够享受到便捷、高效的医疗服务。这些综合措施，可以有效帮助农民提前预防慢性病，为乡村振兴提供坚实的健康保障。

84. 如何防范农民群体易发生的职业病，从而落实国家乡村振兴要求的卫生保健政策？

　　一般来说，职业病是指企业、事业单位和个体经济组织等用人单位的劳动者在职业活动中，因接触粉尘、放射性物质和其他有毒、有害物质等因素而引起的疾病。预防农民的职业病是乡村振兴过程中保护村民身体健康不可忽视的环节。

　　第一，加强职业病危害的宣传。比如，安徽省黄山市疾控中心通过摆放展板、发放"返乡务工人员职业病防治告知书"及职业病防治知识宣传手册等方式宣传职业病防治知识。同时，市疾控中心工作人员主动向返乡务工人员讲解职业病防治知识，提醒他们劳动者是自身健康的第一责任人，详细告知村民在务工时受伤的工伤认定及申报所需材料和程序，让其了解可获得保障的渠道，也提醒返乡务工人员有权要求用人单位按照规定对农民工进行职业健康检查。

　　第二，下乡开展体检工作，帮助农民及早发现、治疗职业病。比如，安徽省芜湖市对全体村民开展职业病防治体检活动，将国家倡导的健康服务落实在"最后一公里"，让全体村民享受到普惠民生工程的成果。体检活动深入每个村，统计每个村民的体检结果，并将结果及时发至各卫生室，卫生室做好存档和系统录入工作。该体检活动的开展，大大增强了职业病防治的效果，促进了医防融合，做到了疾病早发现、早治疗，有效提高了群众的获得感和满意度。

第三，发动社会各界人士，利用社会资源帮助患职业病的农民渡过难关。比如，四川省自贡市卫生健康委要求各尘肺病康复站要积极整合社会资源，发动地方爱心人士和爱心企业为困难尘肺患者捐款送药，以提高尘肺病患者的就业率和生存质量，提升其社会满意度和幸福感，为乡村振兴工作提供有力保障。

为了更全面地防范农民群体易发生的职业病，还需要从以下四个方面入手：首先，强化职业健康教育和培训，提高农民对职业病危害的认识和自我保护能力；其次，改善工作环境和条件，减少农民在劳动过程中接触职业病危害因素的机会；再次，建立健全职业健康监护体系，为农民提供定期的职业健康检查，及时发现和处理职业病问题。最后，完善职业病防治相关法律法规，加大执法力度，确保农民的合法权益得到有效保障。这些措施的实施，可以有效地预防和控制农民职业病的发生，为乡村振兴战略的实施提供坚实的健康支持。

85. 如何优化乡村医疗服务，从而提升农村健康医疗水平？

2024 年 1 月 23 日，国家卫生健康委办公厅、国家中医药局综合司、国家疾控局综合司发布《关于实施"优质服务基层行"活动和社区医院建设三年行动的通知》。要求坚持以基层为重点，利用三年行动，加强乡镇卫生院、村卫生室、社区卫生服务中心标准化建设，以及实现人财物乡村一体化管理。优化乡村医疗服务将是落实国家政策的重要保障。根据全国乡村实践经验，总结出以下措施。

第一，开展家庭医生签约服务。例如，江苏省徐州市睢宁县官路社区卫生服务中心开创家庭医生签约服务。家庭医生并非个体，而是一个包含社区所有护士、全科医生、中医师、公卫医师和乡村医生的团队。在政策落实上，为提高项目的认可度，社区卫生服务站会加大宣传和讲解，村干部们也会与居民积极沟通并引导其签约。

第二，开设预防性医疗服务项目。例如，江苏省徐州市睢宁县官路社区卫生服务中心通过宣传海报和手册进行饮食、运动、口腔防护、慢病预防等方面的健康知识普及，并定期组织针对老年人的免费体检，体检项目包括一般健康检查、生活方式、健康状况及疾病用药状况、健康评价等。社区医生会将体检信息纳入健康档案进行统一管理，之后还会及时告知居民体检结果并进行免费的健康指导。

第三，推进"互联网+巡诊服务"工作。新疆维吾尔自治区沙湾市老沙湾镇卫生院推出的"互联网+巡诊服务"，让农村居民的生活得到了极大的改善。通过互联网技术，卫生院的医生可以通过视频通话与病人进行沟通，并进行远程诊断，通过视频观察病人的病情、询问症状。这样，病人就可以在家中通过互联网购买所需的药物，并按医生的建议进行治疗。这不仅为病人提供了便利，也减轻了家人的负担。通过建立远程诊疗室、党员包村联户等方式，全力保障"网络巡诊"服务正常运行，为乡村振兴注入健康活力。

为了进一步提升乡村医疗服务水平，还可以采取以下措施：首先，加强乡村医生的专业培训，提高他们的诊疗能力和服务水平；其次，完善乡村医疗设施，确保基本医疗设备和药品的充足供应；再次，鼓励和支持乡村医疗机构与城市医院建立合作关系，通过远程医疗、专家会诊等方式，为乡村居民提供更高质量的医疗服务；最后，加大对乡村医疗的财政投入，确保乡村医疗服务的可持续发展。这些措施的实施，可以有效提升乡村医疗服务质量，满足农村居民的健康需求，为乡村振兴提供坚实的健康保障。

86. 如何细化乡村传染病防治政策，保障农民健康？

农村常见的传染病主要分为三大类：第一大类是呼吸道传染病，比如流行性感冒、麻疹等；第二大类是消化道传染病，比如痢疾等；第三大类是血液传染病，比如艾滋病。那么，如何防控农村常见传染病呢？主要有以下做法。

第一，强化组织领导。福建省泉州市实施"人病兽防、关口前移"，强化动物源头防控。成立人畜共患病防控领导小组，组织制订《泉州市强化人畜共患病防控专项行动方案》《泉州市家畜布鲁氏菌病基线调查实施方案》，确保防控工作有部署、有落实、有效果。这样的措施有助于从源头上控制传染病的传播，保护农民的健康。

第二，开展传染病检测和宣传活动。例如，新疆维吾尔自治区哈巴河县阿克齐镇坎门尔村联合县疾病预防控制中心开展布鲁氏菌病免费筛查检测与宣传活动。通过设立健康教育咨询台、发放传染病防治宣传册等形式，该中心向村里的牲畜养殖户、畜产品生产加工人员、兽医等人群，详细讲解疾病的传染源、防控措施、临床表现及基本处置方法等知识，引导养殖户逐步改善不良习惯。

第三，结对帮扶，预防传染病。例如，中国性病艾滋病防治协会（简称"中艾协"）在四川省西昌市举行了"国家乡村振兴结对帮扶凉山州艾滋病等重大传染病防治公益行动"签约仪式。经国家卫生健康委、国家疾控局统一部署、各方协商一致，中艾协结合自身优势，根据当地六个艾滋病防治重点县的资源禀赋和基础条件，在 2021 年开展的凉山州艾滋病防治第二阶段公益行动的基础上，通过调研进一步拓展防艾攻坚和健康帮扶的内容，助力巩固防艾和健康脱贫攻坚成果，全面推进乡村振兴。

为了进一步细化乡村传染病防治政策，还可以采取以下措施：首先，加强乡村医疗卫生机构的能力建设，提高传染病的诊断和治疗水平；其次，建立和完善乡村传染病监测和报告系统，及时发现和控制传染病的发生；再次，加强乡村环境卫生整治，改善农村饮水和卫生条件，减少传染病的传播途径；最后，加强健康教育，提高农民对传染病防治知识的知晓率和自我防护能力。这些综合措施的实施，可以有效提升农村地区的传染病防治水平，保障农民的健康，为乡村振兴提供坚实的健康保障。

87. 如何通过开展爱国卫生运动助力乡村振兴？

爱国卫生运动是指让全国人民提高健康意识，帮助其养成文明卫生习惯，从而改善周围的生存环境、提高他们的生活质量。那么，如何开展爱国卫生运动呢？

第一，加强爱国卫生宣传活动。比如，安徽省阜阳市医疗卫生单位准备了常用的药品和必要的检查设备，结合农村居民常见的健康问题，为当地的群众提供测量血压、健康义诊、健康咨询服务及健康科普知识宣传，向群众发放了爱国卫生月倡议书、健康素养等宣传资料，引导大家主动学习健康知识。这些活动不仅提升了农村居民的健康意识，也增强了他们对健康生活方式的认识和追求。

第二，积极开发创新环境治理方式。比如，安徽省蚌埠市五河县增强社区文化体系建设、积极探索居民自治积分管理。多部门联动评选绿色文明家庭。鼓励众多家庭遵循绿色生活方式，用实际行动改善周边环境。向村民宣传保护环境、节约资源的绿色农业发展观念，在潜移默化中倡导全体村民树立绿色农业理念。

第三，大力传播卫生理念、倡导卫生行为，加强责任区内卫生管理。例如，四川省雅安市天全县乡村振兴局开展"爱国卫生大扫除"活动，鼓励全体成员对责任区内农业农村局宿舍、小区、楼道、院坝、厕所等重点区域进行大扫除，保证责任区的整洁。这样的活动不仅美化了乡村环境，也提高了村民的卫生意识和环境保护意识。

为了进一步通过爱国卫生运动助力乡村振兴，还可以采取以下措施：首先，建立健全乡村卫生管理长效机制，确保环境卫生的持续改善；其次，加强乡村公共卫生设施建设，如垃圾处理设施、污水处理设施、公共厕所等，改善乡村卫生条件；再次，定期开展乡村环境卫生整治活动，如清洁日、清洁周等，动员村民积极参与，形成良好的卫生习惯；最后，加强健康教育，开展健康促进活动，提高村民的健康素养和自我保健能力。

88. 为了实现乡村振兴，国家对爱国卫生运动规定了哪些核心任务？基本要求是什么？

为了实现乡村振兴，国家对爱国卫生运动规定了核心任务及基本要求。核心任务是动员和引导全体村民积极参与爱国卫生运动，利用他们对自然环境的了解和对社会生活常识的掌握，共同改善环境卫生，努力营造一个健康、清洁、绿色、卫生的农村生活环境。这一过程不仅有助于提升村民的生活质量，还能提高他们的健康文明素质。

爱国卫生运动的基本要求是，全体村民要积极践行精神文明建设的要求，以健康教育为先导，不断提升自己的精神文化水平。例如，云南省昭通市绥江县通过开展爱国卫生"五大行动"，显著改善了农村人居环境，展现了爱国卫生运动在改善村民精神风貌和城乡环境方面的巨大作用。这些行动不仅提升了乡村的脱贫攻坚成效，也为乡村振兴战略的实施打下了坚实的基础。

开展爱国卫生运动需要各部门通力合作，完善乡村精神文明建设服务，提升村民的精神文化水平。政府要带头组织，地方各级部门负责具体实施，全体村民积极参与。要坚持科学的乡村治理方法，由社会各界进行监督，各部门分类指导，确保各项工作有序进行。

此外，爱国卫生运动还强调健康教育的重要性，以农村卫生基础设施建设为重点，通过检查督促机制，强化长效管理，确保各项工作落到实处。在实施过程中，要量力而行，因地制宜，突出重点，综合治理，确保爱国卫生运动取得实效。

例如，四川省广元市剑阁县樵店乡在开展爱国卫生运动时，注重优化大病专项救治方案，推出了农民慢性病签约服务，并实施了先诊疗后付费政策。这些措施不仅提高了群众的健康水平，还强化了对健康变化的监测预警，确保了健康帮扶政策的稳定性和连续性。通过这些具体措施，爱国卫生运动在提升村民健康意识、普及疾病预防和及时救治的健康理念方面发挥了重要作用。

综上所述，爱国卫生运动的核心任务和基本要求是多方面的，包括提升村民的健康意识、改善农村生活环境、强化健康教育和基础设施建设等。这些措施可以有效地促进乡村振兴战略的实施，提高农村居民的生活质量和健康水平。

89. 如何落实国家发出的《关于推进健康乡村建设的指导意见》，为农民提供一个健康安全的生存环境？

随着 2024 年 9 月 3 日《关于推进健康乡村建设的指导意见》的公布，我国对农村地区的健康与卫生工作提出了新的要求。健康乡村建设不仅关乎村民的生活质量，也是实现乡村振兴战略的关键一环。那么，在新时代新征程的背景下，应如何落实该指导意见，通过具体措施为农民营造一个健康、安全的生存环境呢？

第一，基础设施与环境卫生双提升。基础设施是乡村健康环境的基石。首先，必须加大投入，改善农村的饮水设施和卫生条件，确保村民能够享受到安全清洁的饮用水。其次，加强生活垃圾和污水处理设施的建设与维护，减少环境污染，提升农村人居环境质量。最后，通过定期的农村环境清洁行动，可以有效降低疾病传播风险，提高村民的健康水平。

第二，疾病预防与健康促进并重。疾病预防控制是保障村民健康的关键。要建立和完善农村疾病预防控制体系，加强对传染病、地方病和慢性病的监测与防控。通过健康教育和疫苗接种等措施，提高农民的健康意识和自我保健能力。此外，推广健康的生活方式，如合理膳食、适量运动等，以降低慢性病发病率，从而提升农民整体健康水平。

第三，医疗服务能力全面提升。优化医疗服务供给，加强农村医疗卫生服务体系建设，提高基层医疗服务能力，确保村民能够及时获得基本医疗服务。加强乡村医生的培训，提升其专业技能，改善乡村医疗设施，确保医疗设备和药品的供应。通过这些措施，可以提高农村地区的医疗服务质量，减少因病致贫现象。

第四，绿色农业与健康社会环境共建。发展绿色农业，减少化肥和农药的使用，保障农产品质量安全，减少农业面源污染。这不仅有助于保护农村环境，还能够提高农产品的市场竞争力，增加农民收入。同时，加强农村文化建设，丰富村民的文化生活，提高村民的幸福感和获得感，构建和谐健康的乡村社会环境。通过开展各种文化和体育活动，增强村民的社区归属感和凝聚力。

上述措施的实施，能够有效地推进健康乡村建设，为乡村村民提供一个健康、安全、舒适的生活环境，实现乡村振兴战略的目标。这不仅能够提高村民的生活质量，还能够促进农村经济的发展和社会的和谐稳定。

七　社会保障篇

90. 农村社会保障制度在乡村振兴中的作用是什么？

农村社会保障制度在乡村振兴中发挥着举足轻重的作用。它不仅是农民基本生活水平的保障，还是农村经济发展的推动力，有助于农村社会的稳定和和谐。

首先，农村社会保障制度确保了农民的基本生活水平，为乡村振兴提供了坚实的基础。例如，新农保政策的实施，使得符合条件的农民能够享受到基础养老金，从而保障了他们的基本生活需求。例如，在贵州省铜仁市的乡村振兴案例中，通过社会保障制度的完善，农民的生活质量得到了显著提升，为乡村的可持续发展提供了有力支撑。

其次，农村社会保障制度推动了农村经济的发展。以浙江省衢州市龙游溪口未来社区的"联创公社"为例，该项目为返乡创业青年提供了智能化办公及生活场景，解决了投身乡村振兴事业人才的后顾之忧。社会保障制度的完善，使得农民有更多的时间和精力去发展农业生产，推动了农村经济的增长。同时，稳定的社会保障也吸引了更多人才回流农村，为乡村的振兴注入了新的活力。

最后，农村社会保障制度促进了农村社会的稳定。农民在享受社会保障的同时，感受到了国家和社会的关怀，使得他们的归属感和认同感有所增加。这种归属感和认同感有助于减少农村劳动力的流失，使得需要的劳动力能够稳定留在农村，有利于推动农村经济的发展。通过完善的社会保障制度，农民们得以安心从事农业生产和其他经济活动，从而确保了乡村社会的和谐稳定。

此外，全国政策也在不断完善农村社会保障制度，以适应乡村振兴的需要。例如，延迟退休政策的出台，旨在应对人口老龄化问题，同时也为农村社会保障制度的可持续发展提供了政策支持。再者，政府还加大了对农村社保的财政投入，提高了社保待遇水平，进一步增强了农村社会保障制度的吸引力和保障力度。

在实施乡村振兴战略的过程中，农村社会保障体系的建设也需要考虑到不同地区的特殊性。例如，对于自然灾害频发的地区，可能需要特别设计一些应对灾害的社会保障措施，如灾害救助保险、灾后重建援助等。同时，对于边远山区，可能需要通过建立更多的医疗点和学校，提供更多的就业机会，来改善当地居民的生活条件和增加他们的收入来源。此外，随着科技的发展，也可以利用信息技术手段，如在线教育、远程医疗等，来提高农村地区的服务水平，缩小城乡差距。

综上所述，农村社会保障制度在乡村振兴中发挥着至关重要的作用。从具体成功案例和全国政策来看，农村社会保障制度的实施不仅提高了农民的生活水平，推动了农村经济的发展，还促进了农村社会的稳定与和谐。未来，随着政策的不断完善和制度的进一步健全，农村社会保障将在乡村振兴中发挥更加重要的作用。

91. 农村养老保险制度的重要意义是什么？如何建立？

农村养老保险制度对于乡村振兴战略的推进具有重要意义。其为农村老年人提供基本的生活保障，缓解了农村老年人因年老丧失劳动能力而面临的经济压力，同时也有助于稳定农村社会秩序，促进社会公平和谐。通过实施养老保险制度，可以增强农村居民对未来的信心和安全感，激励当前劳动力更加积极地参与社会生产活动，从而对农村经济社会发展产生积极的推动作用。此外，完善的养老保险制度还能够吸引更多人才投身乡村振兴，为农村地区的长远发展注入活力。

首先，完善政策是建立农村养老保险制度的基础。政府需要完善相关政策，明确农村养老保险的目标、原则、参保范围、缴费标准、待遇领取条件等。例如，我国的新农保政策就明确规定了年满 16 周岁（不含在校学生）、未参加城镇职工基本养老保险的农村居民可以在户籍地自愿参加新农保，并规定了基础养老金的标准和个人账户养老金的计发办法。这些政策的出台，为农村养老保险制度的建立提供了有力的制度保障。

其次，资金筹措是农村养老保险制度建立的关键。资金是养老保险制度运行的物质基础，没有稳定的资金来源，养老保险制度就难以持续。在资金筹措方面，我国采用了多种方式，包括个人缴费、集体补助、政府补贴等。政府通过加大财政投入、提高基础养老金标准、增加对长期缴费农村居民的奖励等方式，吸引更多农民参保。同时，探索引入商业保险机构、设立专项基金等方式，来拓宽资金来源渠道。

再次，农村养老保险制度的建设还需要注重与其他社会保障制度的衔接。例如，与农村医疗保险、社会救助等制度的衔接，可以形成更加完善的社会保障体系，为农民提供更加全面的保障。同时，还需要加强对养老保险制度的宣传和推广，提高农民的参保意识和积极性。

最后，农村养老保险制度的建立还需要不断完善和调整。随着经济社会的发展和人口结构的变化，农村养老保险制度也需要不断适应新的形势和需求。政府需要定期对制度进行评估和调整，确保其能够适应时代的发展。

综上所述，农村养老保险制度的建立是一个系统工程，需要政府、集体经济组织、农民个人等多方面的共同努力。通过政策制定、资金筹措、管理运营等多个方面的措施，可以逐步建立起完善的农村养老保险制度，为农民提供更加可靠的生活保障。在实施过程中，还应注意到农村地区的多样性和差异性，根据不同地区的实际情况，制定差异化的养老保险政策，以满足不同群体的需求。同时，也要加强对农村养老保险基金的管理，确保基金的安全和有效运作，防止基金被挪用或滥用。此外，还可以利用现代信息技术，如互联网和移动应用程序，提高养老保险服务的便捷性和可及性，使更多的农民能够方便地参与到养老保险制度中来。

92. 在全国范围内，农村医疗保障制度有哪些政策？

农村医疗保障制度涉及一系列政策，旨在提高农村居民的医疗保障水平，促进乡村振兴中的健康乡村建设，减轻医疗负担。以下是一些主要的农村医疗保障政策。

第一，新农合（新型农村合作医疗）政策。新农合是中国农村医疗保障制度的重要组成部分，旨在通过政府、集体和个人三方筹资，为农村居民提供基本的医疗保障。以四川省广元市剑阁县为例，当地积极推动新农合政策实施，为农村居民提供医疗补助，极大增强了农村家庭应对疾病风险的能力，使得农村居民患病时能及时获得救治，保障了劳动力的健康，为乡村产业发展、文化传承等各项振兴事业的有序推进提供了有力支撑。比如一名婴儿出生时，其家庭依据新农合基金规定获得100元补助，这在一定程度上减轻了家庭生育医疗压力，有助于提升农村居民的生育意愿与家庭发展信心，为乡村人口结构优化与长远发展注入积极因素。

第二，大病保险政策。针对农村居民面临的大病风险，政府推出了大病保险政策。例如，青海省通过基本医疗保险和大病保险的结合，为农村居民提供了较高比例的医疗费用报销。如7岁藏族儿童旦某因意外导致大面积烧伤，医疗费用高达39万元，其通过基本医保和大病保险共报销28.75万元，实际报销比例达到74%。

第三，医疗救助政策。对于特别困难的农村居民，政府还提供了医疗救助政策。这一政策旨在通过财政补贴和社会捐助等方式，为经济困难患者提供医疗救助，确保他们能够得到基本的医疗服务。例如，天津市静海区医疗保障局建立了医疗救助联席会议制度和动态监测预警机制，对困难群众进行精准识别和救助，确保医疗救助政策有效落实。

第四，门诊统筹政策。为提高农村居民的门诊医疗保障水平，政府实施了门诊统筹政策。这一政策规定了门诊医疗费用的报销范围和报销比例，有助于减轻农民在门诊就医时的经济负担。例如，广东省惠州市通过加强乡村卫生站和乡村医生队伍的建设，推动实现乡村医院医保"一站式"报销，提升了农村地区公共医疗服务水平。

第五，定点医疗机构政策。农村居民在享受医疗保障时，需前往指定的医疗机构就医。政府通过定点医疗机构政策，规范了医疗机构的服务行为，确保了农村居民能够获得高质量的医疗服务。例如，山东省泰安市医保局实施基础信息共享，助力医保基金精准管理，通过信息共享机制提高了医疗服务的规范性和效率。

此外，随着科技的发展，数字化和信息化手段也被引入农村医疗保障体系。例如，医院为农村居民建立电子健康档案和提供远程医疗服务，使其可以享受到更加便捷和高效的医疗服务。这些措施不仅提高了医疗服务的可及性，还有助于提升医疗服务的质量。

需要注意的是，农村医疗保障制度的具体政策因地区和时间的不同而有所差异。因此，在了解和应用这些政策时，建议农村居民关注当地政府和相关部门发布的最新信息。同时，政府也应不断完善和优化农村医疗保障制度，以适应农村经济社会发展的需求，提高农村居民的医疗保障水平。

93. 如何加强农民的社会保障以助力乡村振兴？

乡村振兴旨在全方位提升农民的生活品质，增加发展机遇，而完善的社会保障体系是其中的关键环节。各地在乡村振兴进程中都在不断探索和实践，以下是一些成功案例。

在养老保险方面，以陕西省神木市为例，当地政府充分考虑到村民的收入差异与参保顾虑。一方面，通过举办"养老保险进万家"系列活动，组织工作人员深入各个村庄，以村民熟悉的"串门拉家常"方式，用通俗易懂的本地方言详细讲解养老保险政策。工作人员不仅在村委会会议室集中讲解，还走进村民家中，坐在炕头一对一算账对比，让村民清楚了解不同缴费档次对应的养老金待遇。另一方面，设立了极为灵活的缴费档次，从每年 100 元到 5 000 元共十多个档次可供选择。同时，财政补贴力度较大，选择较高档次缴费的村民，补贴比例最高可达60%。对于连续参保 15 年及以上的村民，其在领取养老金时会得到每月100 元的额外奖励。这一系列举措使得神木市农村居民养老保险参保率大幅提升，如今已超过90%。众多农村老人的晚年生活有了稳定可靠的经济来源，这使得年轻一代能够安心投身于乡村产业发展与建设之中。

在医疗保险方面，浙江省湖州市德清县成效显著。曾经，医保报销范围有限，很多重大疾病的治疗费用需农村居民自掏腰包，导致因病致贫现象时有发生。德清县积极探索改革，首先，加大与医药企业和医疗机构的谈判力度，将大量新型抗癌药物、罕见病特效药物以及先进的诊疗技术纳入医保报销范围。例如，一种治疗肺癌的靶向药物，原本每年费用高达 30 多万元，在纳入医保后，患者只需自费 6 万多元。其次，德清县大力推进医保信息化建设，率先实现了与上海、杭州等大城市的知名医院医保系统互联互通，方便农村居民异地就医结算。有一位德清县的农村患者在上海复旦大学附属肿瘤医院治疗肝癌，通过使用医保异地结算系统，其医疗费用当场报销，无须来回奔波办理手续。最后，德清县注重基层医疗卫生机构建设，每年投入大量资金用于乡镇卫生院和村卫生室的设备更新与人才培养，定期组织乡村医生到省级医院进修学习，提升基层医疗服务水平，使得农村居民在家门口就能享受到较为优质的医疗服务，有效减轻了农民的医疗负担，为乡村振兴中的健康乡村建设奠定了坚实基础。

在社会救助方面，四川省凉山彝族自治州昭觉县走出了一条精准且多元的救助之路。过去，昭觉县是深度贫困县，救助资源有限且分配不够精准。近年来，昭觉县通过建立"大数据+实地核查"的救助对象识别机制，整合民政、扶贫、残联等多部门数据信息，利用大数据分析筛选出可能需要救助的家庭，再由工作人员深入山区，翻山越岭逐户走访核查。比如，某户彝族家庭因家中老人长期患病，孩子众多且劳动力不足，生活陷入困境。工作人员在大数据平台发现线索后，实地查看家庭状况，确认后迅速将其纳入救助范围。救助标准根据当地物价水平和家庭实际困难程度动态调整，从过去的每月固定金额调整为根据家庭人口、消费支出等多因素综合确定救助金额。同时，昭觉县创新救助形式，除了发放基本生活救助金外，还为有劳动能力的救助对象提供特色种植、养殖技能培训，并联系当地农业合作社，为他们提供就业机会和农产品销售渠道。例如，一些救助对象参加了乌金猪养殖培训后，加入合作社养殖乌金猪，不仅实现了脱贫，还逐步走上了致富之路。这有效促进了乡村社会的和谐稳定与经济发展，为乡村振兴提供了有力支撑。

94. 在全国范围内，乡村振兴进程中的农村发展典型案例有哪些？

乡村振兴战略旨在全方位推动农村的进步与繁荣。在此进程中，各地涌现出众多富有创新性且成效显著的典型案例，它们从不同维度为乡村振兴的伟大事业提供了宝贵经验与深刻启示。

第一，产业兴旺，打造农村经济引擎。产业发展是乡村振兴的核心驱动力，关乎农村的经济活力与可持续发展。各地通过挖掘本土特色资源，创新产业模式，实现了农村产业的蓬勃兴起。山东寿光蔬菜产业集群模式堪称典范。寿光凭借其得天独厚的地理条件与深厚的种植传统，全力聚焦蔬菜产业，构建起了集种子研发、先进种植技术创新应用、农产品精细加工、高效冷链物流配送以及广泛市场营销于一体的完整产业链条。当地政府积极作为，与顶尖科研院校合作成立蔬菜种植研发中心，持续培育并大力推广如"寿光8号"黄瓜等优良蔬菜品种。这些品种以其卓越的产量与强大的抗病虫害能力在市场中独占鳌头。众多蔬菜种植专业合作社与大型农业企业蓬勃发展，"寿光蔬菜"品牌凭借标准化种植流程、规模化经营策略以及成功的品牌化运作，不仅在国内家喻户晓，更是在全球市场上大放异彩，农产品附加值显著提升。大量农民深度参与蔬菜产业的各个环节，农民人均可支配收入有了明显提高，农村经济活力得到前所未有的激发。这一模式生动诠释了如何依托特色产业打造乡村振兴的强大经济引擎，为各地乡村产业规划提供了极具价值的蓝本，彰显了聚焦优势产业、延伸产业链条对于农村经济腾飞的关键作用。

第二，生态宜居，绘就乡村绿色画卷。良好的生态环境是农村的宝贵财富，也是乡村振兴的重要支撑。在生态振兴方面，各地通过生态保护与修复、绿色产业发展等举措，实现了生态与经济的协调共进。浙江省湖州市安吉县的"两山"理论实践成果斐然。安吉县曾深陷传统工业污染的泥沼，同时面临生态资源开发利用不足的困境。然而，当地深刻领悟"绿水青山就是金山银山"这一科学理念，果断关停并转一大批高污染、高能耗的工业企业，全力开展大规模生态修复工程，如植树造林、全面治理河流湖泊，使得生态环境得到根本性的改善与重塑。在此坚实的基础上，安吉县积极探索生态经济化的创新路径，充分利用优美的田园风光与清新的自然环境，大力发展乡村生态旅游。例如，鲁家村精心打造田园综合体，巧妙规划多个特色农场与旅游景点，吸引大量游客前来观光度假；余村则成功从过去依赖矿山开采的村落转型成为全国闻名的生态旅游示范村，"春林山庄"等农家乐生意异常火爆。同时，安吉县的生态农业也蓬勃兴起，有机茶、绿色竹制品等特色农产品凭借优良品质走俏市场，真正实现了生态与经济的良性互动和协同发展，为全国乡村生态振兴树立了标杆，有力证明了生态资源是乡村最宝贵的财富之一，只要合理开发利用，就能转化为可持续的经济优势。

第三，乡风文明，传承乡村文化根脉。文化振兴是乡村振兴的灵魂所在，丰富的乡村文化能够凝聚人心、促进和谐，为乡村发展提供强大的精神动力。河北省张家口市蔚县的剪纸文化传承与创新模式独树一帜。蔚县剪纸历史悠久，是国家级非物质文化遗产。蔚县通过建立剪纸文化产业园区，成功聚集了众多剪纸艺人、工作室和企业。这些剪纸艺人、工作室和企业一方面不遗余力地传承传统剪纸技艺，积极开展剪纸技艺培训活动，全力培养年轻一代剪纸传承人；另一方面勇于探索，积极推动剪纸艺术创新，巧妙地将现代题材、前沿设计元素融入传统剪纸，开发出一系列既具艺术价值又有实用功能的剪纸产品，如剪纸装饰画、剪纸文创礼品等。同时，这些剪纸艺人、工作室和企业还紧密结合当地民俗文化旅游，精心打造剪纸文化体验旅游线路，让游客亲身参与剪纸制作过程、深度感受剪纸艺术的独特魅力。蔚县剪纸文化的传承与创新，不仅切实保护了传统文化瑰宝，还大力带动了当地文化旅游和文化产品销售，促进了乡村文化振兴与经济发展的良性互动。这充分表明了传统文化在传承基础上的创新发展，因此，传统文化能够成为乡村文化振兴的核心动力，并有力带动相关产业发展。

第四，治理有效，构建乡村和谐秩序。有效的乡村治理是乡村振兴的重要保障，关乎农村的稳定与发展。通过加强党组织领导、完善村民自治、创新治理机制等方式，各地构建起了共建共治共享的乡村治理格局。例如，浙江省诸暨市枫桥镇乡村治理组织创新模式闻名遐迩。枫桥镇在党组织的坚强领导下，精心构建了多元化的乡村治理组织体系，建立了村民议事会、乡贤理事会、调解委员会等自治组织，充分发挥村民在乡村事务决策、矛盾调解、乡风文明建设等方面的主体作用。例如，村民议事会定期商讨村庄发展规划、公共设施建设等重大事项，群策群力，确保决策民主科学；乡贤理事会则充分利用乡贤资源，为家乡发展出谋划策、捐资助力，汇聚起强大的外部支持力量；调解委员会凭借专业素养与丰富经验，及时化解邻里纠纷，将矛盾消除在萌芽状态，全力维护乡村和谐稳定。同时，党组织与这些自治组织的紧密联动协作，形成了共建共治共享的乡村治理格局，为乡村组织振兴和社会稳定提供了成功经验，彰显了党组织引领下多元自治组织在乡村治理中的协同作用，形成了乡村治理现代化的有效模式。

这些典型案例从不同角度展示了乡村振兴的有效路径和成功经验，各地应结合自身实际情况，学习借鉴，探索出适合本地的乡村振兴之路，共同谱写乡村振兴的壮美篇章。

八　基础设施篇

95. 农村基础设施的完善对乡村振兴有何重要意义？

完善的农村基础设施在乡村振兴中的作用是多方面的，它不仅关系到农业生产的基本条件，也是提高农民生活质量、促进农村社会经济发展的重要因素。基础设施的完善，使得乡村能够更好地融入国家的整体发展，享受便利与进步。

首先，农村基础设施的完善直接促进了农业生产力的提升。以四川省达州市开江县农田水利建设项目为例，该项目不仅涉及灌溉系统的升级，还包括对土壤质量的改善和对作物种植技术的革新。通过修建灌溉渠道、更新灌溉设备等措施，农田的灌溉效率和作物产量得到了显著提高。这不仅意味着农民可以在更短的时间内种植和收获更多的作物，而且也意味着他们可以种植更多样化的作物，从而减少对单一作物的依赖，提高了农业的抗风险能力。同时，还直接增加了农民的收入，推动了当地农业产业的可持续发展，为乡村振兴提供了坚实的物质基础。2018 年 8 月 10 日，四川省住房城乡建设厅召开四川省农村人居环境整治工作布置会，发布并解读了《四川省农村人居环境整治三年行动实施方案》。四川以农村垃圾、污水治理、村容村貌改善为主攻方向，进行农村人居环境整治，一大批环境干净有序、风景秀美的大美田园村庄在四川各地陆续展现。

其次，农村基础设施的改善，尤其是电力和通信设施的升级为乡村经济多元化发展提供了新的动力。四川省眉山市青神县农村电网升级改造项目的实施，改善了用电环境，为农村电商、农家乐等产业的快速发展提供了有力支撑。这些新兴产业的发展，不仅为农民提供了新的就业机会，也为乡村经济注入了新的活力，使得乡村经济的发展不再仅仅依赖传统的农业生产。

再次，农村基础设施的完善还提升了农民的生活质量。随着农村交通、电力、通信等基础设施的改善，农民的生活条件得到了显著提升。农民现在可以享受到更加稳定和高效的电力供应，这不仅改善了他们的日常生活条件，也为农业机械化和现代化提供了可能。

最后，农村基础设施的建设也是推动乡村社会进步的重要力量。基础设施的完善有助于提高乡村的教育水平和医疗服务质量，这对于提升乡村人口的整体素质和生活质量至关重要。通过加强农村基础设施建设，可以缩小城乡差距，促进城乡融合发展。同时，基础设施的完善还有助于提升乡村社会的整体文明程度，推动乡村治理体系和治理能力现代化，为乡村振兴提供有力保障。例如，十八洞村位于湖南省湘西土家族苗族自治州，曾经是一个贫困发生率高达 56.8% 的贫困村。通过精准扶贫政策的实施，十八洞村实现了从深度贫困到全面小康的转变。

综上所述，农村基础设施的完善在乡村振兴中发挥着至关重要的作用。它不仅是提升农业生产力和农民生活水平的关键手段，也是推动乡村经济多元化发展和社会进步的重要支撑。未来，随着更多政策的出台和实践的深入，农村基础设施的完善将继续为乡村振兴贡献更大的力量。

96. 在完善农村基础设施方面，改善农村道路和交通状况的措施有哪些？
——以四川省为例

四川省在完善农村基础设施，特别是改善农村道路与交通状况的实践中，实施了一系列精心策划的措施。这些措施的实施，不仅提高了农村地区的交通便利性，还促进了当地经济的发展和农民生活水平的提高。四川省以《关于加强建制村联网路和村内通组路建设工作的指导意见》为蓝图，明确了至 2025 年的宏伟目标：全面覆盖农村主要聚居点、农业产业园区及乡村旅游景点，实现建制村间联网畅通、村内通组路广泛延伸，构建起更加完善的农村交通网络。具体改善措施包括以下七个方面。

一是科学规划。依据政策指导，精心编制农村道路规划，确保道路布局既符合地理实际，又紧密对接精准扶贫、农业现代化及乡村旅游等发展需求，实现多领域协同发展。例如，通过引入地理信息系统（GIS）技术，对农村道路网络进行精确规划，确保资源的合理分配和利用。

二是强化基础设施建设。致力于"乡乡通油（水泥）路，村村通硬化路"的目标，通过高质量的道路建设，提升农村交通的通达性和安全性，类似河南省"村村通"工程的成功经验为此提供了有力借鉴。四川省在道路建设中采用了先进的施工技术和材料，提高了道路的耐用性和抗灾能力。

三是有序推进建设。结合地方经济发展水平和村民出行需求，合理设定建设目标与时序，如江苏省的农村公路提档升级工程所示，确保每一分投入都能精准对接实际需求，逐步推进，避免资源浪费。四川省通过建立项目库和年度实施计划，确保道路建设项目有序进行。

四是明确责任机制。各县（市、区）政府建立健全管理流程，确保项目实施的透明度和公正性，为农村道路建设提供坚实的组织保障。

五是鼓励广泛参与。充分发挥农民的主体作用，激发其参与道路建设的积极性，同时积极引导企业、社会组织及个人通过多种形式参与，形成全社会共建共享的良好氛围。例如，通过建立村民自建、自管、自养的模式，提高了农民参与道路建设和维护的积极性。

六是科学设定技术标准。根据道路的具体功能、地理条件及经济发展水平，灵活制定技术标准和规划建设规模，确保道路既满足当前需求，又便于未来维护。四川省在道路设计中充分考虑了地形地貌和气候条件，确保了道路的适应性和安全性。

七是建立健全养护管理体系。推行村规民约、"建养一体化"、政府购买服务等多种养护模式，确保道路建成后的长期有效维护，保障其持续发挥经济效益和社会效益。通过建立长效的养护机制，确保了道路的长期稳定使用。

综上所述，四川省通过这一系列系统而全面的措施，使农村道路与交通状况得到显著改善，不仅改善了农村地区的交通条件，也为农民的生产生活带来了极大的便利，促进了农村经济的发展和农民的收入增加。同时，为农村经济社会的发展注入了强劲动力，也为乡村振兴战略的实施奠定了坚实的交通基础。

97. 全国的农村电力和通信设施建设有何意义？有哪些挑战？

农村电力和通信设施建设对于推动乡村振兴战略、促进农村经济社会发展具有重要意义。电力供应的稳定性和通信网络的覆盖面直接影响着农村居民的日常生活和农村经济的多元化发展。电力是现代文明的基石，为农业现代化、农村工业化和农村生活电气化提供了必要的能源支持，而通信设施则是信息时代农村连接外界、获取信息、提升公共服务和治理能力的关键。这两者的建设和完善，不仅能够提高农村居民的生活质量和农业生产效率，还能促进农村信息化、智能化发展，推动农村社会管理和服务创新，为农村经济注入新的活力，实现城乡发展的均衡和农村经济的可持续发展。

但是，我国农村电力和通信设施建设面临一些挑战，这些挑战主要来自地理环境、资金投入、技术更新以及运营维护等方面。这些挑战的存在，限制了农村地区电力和通信设施建设的进度和质量，影响了农村居民享受现代化生活带来的便捷和舒适。

首先，全国各地地理环境差异较大，部分地区地理环境复杂，山区众多，这增加了电力和通信设施建设的难度。在山区建设电力线路和通信基站需要克服地形崎岖、气候多变等不利因素，不仅施工难度大，而且成本也相对较高。例如，在一些偏远山区，地形险峻，传统的电力和通信设施建设方式难以实施，需要探索更加适应当地环境的解决方案。

其次，资金投入是电力和通信设施建设的重要保障。尽管政府和社会各界对农村基础设施建设给予了高度关注，但资金筹集和使用仍面临一定困难。尤其是在一些贫困山区，地方财政实力有限，难以承担大规模基础设施建设的投入。这就需要通过政策倾斜、资金扶持、社会资本引入等多种方式，来解决资金短缺的问题。

再次，随着科技的不断发展，电力和通信技术也在不断更新换代。然而，农村地区信息相对闭塞，技术更新速度较慢，可能导致电力和通信设施与先进技术脱节，难以满足农民日益增长的需求。这就要求相关部门加强技术指导和培训，提高农村地区的技术接受能力和应用水平。

最后，运营维护也是电力和通信设施建设面临的挑战之一。由于农村地区地广人稀，设施分布较为分散，因此设施的运营维护较为不便。同时，部分农民对电力和通信设施的使用和维护知识了解不足，也可能导致设施损坏或故障频发。因此，加强农民的技术培训和提升他们的自我维护能力，是确保电力和通信设施长期稳定运行的关键。

我国农村电力和通信设施建设面临着诸如以上的多类型挑战。为了克服这些挑战，需要政府、企业和社会各界共同努力，加大投入力度，推动技术创新，加强运营维护管理，为农民提供更好的电力和通信服务。这些措施的实施，可以有效地提升农村地区的电力和通信设施水平，为乡村振兴战略的实施提供坚实的基础设施支撑。

98. 在全国范围内，乡村地区面对完善农村电力和通信设施的挑战，有哪些典型探索和尝试？

为了完善农村电力和通信设施，全国各地政府均进行了有效的探索并取得了一些具有借鉴意义的成果。以下是一些典型案例。

1. 电力设施建设案例

江苏省通过新一轮农网改造升级，实现了动力电"村村通"，供电可靠率达到 99.958%，并通过提高配电设施建设标准，满足了家庭农场、农民合作社等新业态的用电需求。这种升级不仅提升了农村地区的电力供应质量，也为农村地区的经济发展提供了强有力的支撑。

国网四川电力公司针对农村地区电网老旧、供电能力不足等问题，进行了大规模的农村电网升级改造。通过增加变压器容量、改善线路状况等措施，有效提升了农村地区的供电可靠性和电力供应能力，显著提高了农村居民的生活质量和农业生产的效率。

2. 通信设施建设案例

福建省宁德市寿宁县下党乡曾是特困乡，现已成为福建省首个开通电信 5G 乡村基站的乡镇。网络覆盖率的提升带动了当地居民回归家园，依托电信网络发展直播带货等业务，促进了当地产品销售与旅游业发展。这不仅改善了当地居民的通信条件，也为他们提供了新的经济增长点。

福建省南平市政和县镇前镇通过建立扶贫电商创业物流园平台，利用直播带货等形式，推动当地特色农产品销售，实现农民增收。这种模式的创新，展示了通信设施改善如何助力农产品销售和农民增收。

中国电信四川分公司打造农村通信基础设施建设项目，对农村地区的通信设施进行建设和改造，包括基站建设、光缆铺设、网络优化等。该项目的实施，有效提升了农村地区的通信覆盖率和网络质量，为农民提供了更好的信息服务。这不仅提高了农民的信息获取能力，也为他们提供了更多的学习和娱乐资源。

四川移动"宽带乡村"工程旨在通过建设高速宽带网络，推动农村地区的信息化发展。通过铺设光缆、建设基站等措施，实现了农村地区的宽带网络覆盖，为农民提供了更加便捷的网络服务。这一工程的实施，极大地促进了农村地区的信息化水平，为农民打开了通往外界的窗口。

这些案例展示了部分地区在农村电力和通信设施建设方面所取得的积极进展。通过政府、企业和社会各方的共同努力，农村地区的电力和通信设施得到了显著改善，为农民的生产生活提供了更好的条件。这些探索和尝试，不仅为其他地区提供了可借鉴的经验，也为乡村振兴战略的实施提供了坚实的基础设施支撑。随着技术的不断进步和政策的持续优化，农村地区的电力和通信设施建设将取得更大的成就，为实现乡村振兴做出更大的贡献。

99. 农村供水工程建设如何推进？

农村供水工程建设的推进对于提升农村居民生活质量、保障饮水安全和促进乡村振兴具有深远意义。通过完善供水基础设施，不仅能够满足农村居民对清洁、稳定水源的基本需求，提高其健康水平和生活满意度，还能通过改善生活条件吸引更多人才和资源流向农村，推动农村经济的多元化发展。此外，供水工程的规模化、规范化管理，能够更有效地保护和利用水资源，促进农业的可持续发展，为实现城乡一体化和农业农村现代化打下坚实基础。

农村供水工程建设在推进过程中，得到了政府的大力支持。

在政策方面，例如，四川省政府及相关部门出台了一系列文件，如《四川省农村供水工程运行管理办法》等，旨在加强农村供水工程的运行管理，确保工程的良性运行和效益的充分发挥，从而改善人民群众的生活和生产条件。这些政策为四川农村供水工程建设提供了明确的指导和支持，确保了供水工程的顺利推进。

又如，河南省清丰县通过 PPP 模式实施了"丹江水润清丰"城乡供水一体化项目，新建供水厂、加压站，铺设供水管网，安装智能水表，提升了农村供水保障水平。这种模式的创新，不仅提高了供水效率，也增强了供水的可持续性和安全性。

四川省南充市仪陇县也是一个值得关注的例子。该县成功申报了四川省第一批乡村水务试点县，并在农村地区实施了一系列供水工程建设项目。通过新建和改造水厂、铺设供水管网等措施，仪陇县成功解决了农村地区饮水难的问题，提高了农村自来水的普及率和供水质量。此外，该县还注重供水工程的运行管理，通过建立健全管理制度和监测体系，确保了供水工程的稳定运行和供水安全。

江西省南昌市进贤县规划实施了多个供水工程，包括水厂技术改造和自来水工程，以提升农村饮水安全水平。这些工程的实施，不仅改善了当地居民的饮水条件，也为当地的农业发展提供了稳定的水源支持。

综上所述，农村供水工程建设在政策支持和成功案例的推动下，取得了显著进展。通过科学规划、合理布局、创新投融资机制以及加强运行管理等方式，农村供水工程建设正逐步改善农村地区的饮水条件，提高农民的生活质量。这些努力不仅提升了农村居民的生活水平，也为乡村振兴战略的实施提供了坚实的基础。

100. 如何促进农村基础设施建设可持续发展？有何意义？

提高农村基础设施的可持续性是一项长期且至关重要的任务，它不仅关乎农村地区的经济发展，更关系到农民生活质量的提升和生态环境的保护。

首先，政策层面上的引导和扶持是提高农村基础设施可持续性的关键。以四川省为例，政府出台了一系列政策，如农村电网升级改造计划、通信普遍服务试点项目等，通过财政补贴、税收优惠等方式，鼓励和支持农村基础设施建设。这些政策的实施，为农村基础设施的可持续发展提供了有力保障。

　　其次，成功案例的借鉴和推广也是提高农村基础设施可持续性的有效途径。例如，在电力设施建设方面，国家电网四川电力公司实施的农村电网升级改造项目，通过增加变压器容量、改善线路状况等措施，有效提升了农村地区的供电可靠性和电力供应能力。这一成功案例表明，通过科学规划和合理布局，可以显著提高农村电力设施的可持续性。

　　在通信设施建设方面，中国电信四川分公司实施的农村通信基础设施建设项目，通过建设基站、铺设光缆等措施，提升了农村地区的通信覆盖率和网络质量。这一项目的成功实施，不仅为农民提供了更好的信息服务，也为农村地区的经济发展注入了新的活力。

　　促进农村基础设施建设的可持续发展，意味着要确保这些设施在满足当前需求的同时，不会对环境造成破坏，能够适应未来的发展需求。这包括采用环保材料和技术、确保资源的有效利用，以及建立长期的维护和管理机制。这样做的意义在于，确保农村地区的长期繁荣，提高农民的生活水平，并保护和改善农村的生态环境。

　　最后，可持续发展的农村基础设施建设还能够促进农村地区的社会经济发展，提高农村居民的生活质量，并有助于缩小城乡差距。例如，改善的供水设施能够保障农民的饮水安全，优化卫生条件；而优质的电力和通信设施则能够支持农村地区的远程医疗、在线教育等服务，提高农民的生活水平。

　　总之，促进农村基础设施建设的可持续发展对于提升农村居民的生活质量、实现乡村振兴战略，以及推动农村经济的多元化发展具有重要的意义。通过政策支持、技术创新和有效管理，可以确保农村基础设施建设在满足当前需求的同时，为未来的发展打下坚实的基础。

参考文献

包明齐，2023. 深入贯彻新发展理念 全面推进乡村振兴［EB/OL］.
（2024-07-21）［2023-07-04］. http://theory.people.com.cn/n1/2023/
0704/c40531-40027089.html.

本书编写组，2018. 乡村振兴战略简明读本［M］. 北京：中国农业出
版社.

彩露平，陈俊豪，2023. 乡村振兴背景下农业现代化和农村产业转型发
展的社会基础研究［J］. 现代农业研究，29（5）：81-84.

蔡竞，2018. 产业兴旺与乡村振兴战略研究［M］. 成都：四川人民出
版社.

陈锡文，韩俊，2019. 农业转型发展与乡村振兴研究［M］. 北京：清华
大学出版社.

董彦岭，2019. 产业振兴［M］. 北京：中原农民出版社、红旗出版社.

方黎明，阎炎，2023. 引领建设宜居宜业和美乡村［N］. 中国自然资源
报，2023-03-02（1）.

冯献，李瑾，崔凯，2020. 乡村治理数字化：现状、需求与对策研究

［J］. 电子政务（6）：73-85.

国务院扶贫开发领导小组，2020. 国务院扶贫开发领导小组关于建立防止返贫监测和帮扶机制的指导意见［EB/OL］.（2024-08-05）［2020-03-20］. https://www.gov.cn/zhengce/zhengceku/2020-03/27/content_5496246.htm.

韩俊，2018. 实施乡村振兴战略五十题［M］. 北京：人民出版社.

杭敏，李唯嘉，2019. 区域特色文化产业发展研究［M］. 北京：社会科学文献出版社.

霍军亮，2022. 新发展阶段农村基层党组织引领乡村振兴的四个着力点，［EB/OL］.（2024-08-05）［2022-05-11］. http://theory.people.com.cn/n1/2022/0511/c148980-32419530.html.

嘉定区农业农村委员会，2022. 关于印发《关于加强农村土地经营权流转 管理工作的实施方案（试行）》的通知［EB/OL］.（2024-08-05）［2022-03-25］. http://service.shanghai.gov.cn/XingZhengWenDangKuJyh/XZGFDetails.aspx？docid=REPORT_NDOC_008406.

贾治邦，2011. 壮大林下经济 实现兴林富民 全面推动集体林权制度改革深入发展［J］. 林业经济（11）：6-10.

雷明等，2021. 通往富裕之路：中国扶贫的理论思考［M］. 北京：清华大学出版社.

李钢，秦宇，2021. 中国精准扶贫经验的理论阐释［M］. 北京：社会科学文献出版社.

林峰等，2018. 乡村振兴战略规划与实施［M］. 北京：中国农业出版社.

刘源渊，张发钦，2023. 乡村振兴视阈下"天人合一"思想的生态治理

价值及其实现路径 [J]. 农村经济与科技, 34 (5)：36-39.

罗玉辉, 2019. 中国农村土地流转与农民权益保护 [M]. 北京：社会科学文献出版社.

人力资源社会保障部, 财政部, 税务总局, 2024. 人力资源社会保障部 财政部 国家税务总局关于延续实施失业保险援企稳岗政策的通知 [EB/OL]. (2024-08-05) [2024-04-26]. https：//www.gov.cn/zhengce/zhengceku/202405/content_6949562.htm.

王家庭, 李云豪, 2022. 共同富裕目标下数字经济推动乡村振兴的机制、问题与对策 [J]. 创新, 16 (6)：13-23.

王薇, 吴青云, 2023. 基于共同富裕视角的乡村振兴发展路径探究 [J]. 智慧农业导刊, 3 (19)：173-176.

解新华, 2019. 探析"互联网+"环境下农产品电商发展 [J]. 农村经济与科技, 30 (24)：57-58.

新华社, 2024. 中共中央 关于进一步全面深化改革 推进中国式现代化的决 [EB/OL]. (2024-08-05) [2024-07-21]. https：//www.gov.cn/zhengce/202407/content_6963770.htm? sid_for_share=80113_2.

于文静, 高敬, 2024. 2024 年中央一号文件公布提出推进乡村全面振兴"路线图" [EB/OL]. (2024-07-21) [2024-02-04]. https：//www.ccdi.gov.cn/yaowenn/202402/t20240204_326700_m.html.

张利庠, 2024. 新时代乡村振兴干部队伍建设 [J]. 人民论坛 (1)：36-39.

张英, 2011. 循环农业篇：保持农业经济的可持续发展 [M]. 北京：中国环境出版社.

中共中央, 国务院, 2023. 中共中央 国务院关于做好 2023 年全面推进乡村振兴重点工作的意见 ［EB/OL］. （2024-07-21）［2023-02-13］. http：//www.scio.gov.cn/zdgz/jj/202309/t20230913_769087.html.

中国乡村发展志愿服务促进会，2023. 中国杂交构树产业发展蓝皮书 （2022）［M］. 北京：研究出版社.

中华人民共和国农业农村部，2021. 农村土地经营权流转管理办法 ［EB/OL］. （2024 - 08 - 05）［2021 - 01 - 10］. https：//www. gov. cn/ gongbao/content/2021/content _ 5600084. htm？ eqid = a7349db5003d36e 50000000364986777.